「いじめ」をなくす！

「BE A HERO」プロジェクトの挑戦

一般社団法人 IWA JAPAN［著］

東洋館出版社

PROLOGUE

はじめに

２０１７年11月20日「ＢＥ Ａ ＨＥＲＯ」プロジェクトが発足しました。活動のテーマは、「いじめ問題」です。

公益社団法人　子どもの発達科学研究所の研究によって明らかとなった「いじめ問題」へのアプローチ方法を日本中に広めるために、子どもたちの成長をサポートする複合型スポーツ施設 ＩＷＡ ＡＣＡＤＥＭＹを運営する一般社団法人ＩＷＡ ＪＡＰＡＮの活動として、様々なイベントや講義活動に取り組んできました。このプロジェクトの発起人は現・読売ジャイアンツの岩隈久志選手です。

本書は、その取組の様子と、実際に行っているプログラムの内容を1冊の本にまとめたものです。

本書を読むことで、次の二つのことを理解することができます。

①なぜ、いじめが起こってしまうのか、いじめの構図やメカニズム。
②どうやったら、いじめを予防できるのか、その方法。

そして、実際に、いじめ予防のプログラムを実施して、学校教育の現場で成果を上げている具体的な取組を知ることができます。

いじめは、子どもたち全員の命や未来に関わる深刻な問題です。どんな理由であれ、いじめが起こってはダメです。

しかし、残念ながら、いじめの数は一向に減りません。

私自身もトレーナーとして学校教育の現場に関わって15年以上になりますが、部活動でも「いじめ」が原因で活動自体を自粛しなければならなくなるところを見てきました。とても残念なことです。

いじめ問題をどうやって解決するのか。

私たちは、問題が起こると、その問題だけにフォーカスしがちですが、本当の解決には、もっと包括的な取組が必要です。

「ＢＥ Ａ ＨＥＲＯ」プロジェクトでは、いじめを起こさないために必要ないじめについての正しい知識をみんなで学びます。そのため、本書は今まさにいじめ問題に直面し、大変な状況にある人に直接的な助けを差しのべることができません。そこのところを十分に注意してください。

本書で紹介するＨＥＲＯメソッドを学ぶことで、子どもたちの

はじめに

2017年11月20日「BE A HERO」プロジェクト発足の会見

良い行動が増え、結果、学校の風土が良くなっていくことになります。

このプロジェクトに参加された先生たちからは、「子どもたちに行動の基準をしっかりと教えることができる！」、子どもたちからは、「正しい行動が何かがわかる！　HEROになりたい！」という声を頂いています。

先生も、子どもたちも、何か困ったことが起こったときに、立ち戻れる基準がある。それが大きな安心感を与えます。

言葉を変えると、誰が取り組んでも、一定の効果があり、学びの再現性があるということです。

これこそ、教育に科学を用いることの有用性です。

一方、世界最高峰のメジャーリーグで活躍してきた岩隈久志選手は、「一流のトップアスリートこそ、正しい行動を日頃から積み重ねている」と、まさしくHEROメソッドを実践することの大切さを発信しています。

では、正しい行動とは何でしょうか。

HEROメソッドとは何でしょうか。

答えは、本書の中で一緒に学んでいきましょう！

令和元年8月

IWA ACADEMYチーフディレクター　木村匡宏

CONTENTS

目次

早わかり！

「いじめ問題」と HERO メソッド

科学でいじめのない世界を創る

いじめとはどういうもので、なぜ起こるのでしょうか？
いじめを防ぐ効果的な方法とはどのようなものでしょうか？
いじめが起こらない集団の条件とはどのようなものでしょうか？

世界の教育現場のスタンダードは、いじめの予防や対処に「科学」を使うことです。
科学的研究の成果を使って、いじめについての正しい知識と対処方法を身に付ける。それがいじめのない世界への第一歩になるのです。

ここでは、そもそもなぜいじめをなくさなければならないのか、本書で提唱する「HERO メソッド」の意義とは何かなど、本書の基本的な立場、考えについて簡単に説明します。

いじめが起きてからでは遅い

平成25年に「いじめ防止対策推進法」が成立する前から、文部科学省も教育委員会も学校も、いじめ対策に必死になっています。

しかし、それでもいじめに関わる悲惨な事件は減りません。実際、今、この瞬間も、いじめで苦しんでいる子どもがいますし、もしかしたら、この本を手に取っているかもしれません。

だからこそあえて最初にお断りしたいのですが、この本の目的は「いじめの解決方法」を提供することではありません。

誤解してほしくないのですが、「いじめを解決すること」や「いじめで苦しんでいる人を助けること」を軽視しているわけではありません。本書及び「BE A HERO」プロジェクトは、むしろ、そうしたことの価値を認めた上で、その根本的な問題の解決、すなわち、そういうことを求める必要がない社会を創ろうとしています。

いじめが起きて、子どもたちが傷ついてからでは遅いのです。私たちがやらなければならないことは、傷つかないですむ社会、すなわち、いじめがない社会、いじめが起きたとしても、それがすぐに解決される社会を創ることです。

何しろ、いじめは子どもたちの今だけでなく、将来の可能性さえ壊してしまいます。すべての子どもたちの幸せな未来を実現すること、それを私たちは心の底から願っています。

いじめをなくさなければならない理由

「いじめ防止対策推進法」が施行されているにもかかわらず、いじめは減っていません。文部科学省の調査によると、その認知件数は増える一方です。もしかしたらいじめについて「いじめは、子どもが成長するときに必要な、いわば通過儀礼のようなものだ」「いじめに耐えてこそ、大人になれる」と考えている人も多いかもしれません。

もちろん、このようなことはすべて間違っています。

いじめは子どもの発達に必要な通過儀礼ではありませんし、それに耐えさせる必要もありません。世界中で行われている「いじめ研究」によると、いじめが子どもの発達に与える影響はかなり深刻なようです。例えば、いじめの被害者は自殺、精神疾患のリスクが増えるだけでなく、学業成績が下がったり就労が難しくなったりします。加害者は、犯罪者になるリスクが高まりますし、ただいじめを見ていただけの傍観者でさえ、PTSDやうつのリスクが高まります。つまり、いじめ問題は、私たちが思っている以上に子どもの将来に悪い影響を与えています。

でも考えてみてください。もし、いじめを少しでも減らしたり深刻化しにくくしたりできるとするならば（すぐになくせなくても）、それはすべての子どもの未来を守り、私たちの社会を守ることにつながることを意味するのではないでしょうか。

科学を使うことの意義

「BE A HERO」プロジェクトでは、いじめに対して科学的アプローチを用いることを重視しています。

あまり日本では知られていませんが、いじめについての研究は世界中で行われており、特に欧米では、そうした研究の成果をいじめ予防や対応に活かすことが常識になっています。

では、科学を使うことはどのような意義があるのでしょうか。ここでは、私たちが重点としている二つのことを紹介します。

まず「科学は再現可能である」ことです。

例えば、「〇〇という薬を飲むと、いつも~~という症状に効く」というように、科学の成果は再現性（状況さえ一定ならば、いつも同じ結果が期待できる）を保障します。科学的根拠（エビデンス）がある方法を用いれば、いじめ予防についても、一定の成果が期待できると言えます。

もう一つは、「科学は共有可能である」ことです。科学は客観的に証明することを意味します。そこに個人の考え、情緒等をはさむことはできません。

実際、いじめは体験者が多く、様々な様相を見せるため、いじめ対応についても様々な意見があるのですが、科学的根拠はそうした個人的な考えを超えて共有することができるのです。

いじめに関する研究の例

○小学４年生から中学２年生の 25%が、いじめが原因で学力が低下した。[Beane,1999]
○いじめ被害による自己肯定感の低下によって、学力や社会的能力が下がる。[Ross,1987]
○いじめの被害者は当然、心理的な苦痛を受けるが、傍観者も同様であり、特にいじめの事実が起こっているときよりも、それが過ぎ去ってからになると、被害者と同じくらいの心理的苦痛を抱いている。[Janson ら ,2004]

科学を使うことの意義

❶再現可能であること

状況さえ一定ならば、いつも同じ結果が期待できる。

いじめ予防についても、一定の成果が期待できる！

＋

❷共有可能であること

客観的に証明するため、個人的な考えを超えて共有することができる。

いじめに対する個人の経験・考えに左右されることがない！

勇気を持ってヒーローになろう！

「いじめを防ぐために科学をどのように使うのか」ということについては、本書の1章及び2章で詳しく解説しています。私たちは、こうしたエビデンスをもとに「BE　A　HERO」プロジェクトという取組を行っています。

ここでの「HERO」というのは、いじめをする人を退治するという意味でのヒーローではありません。正しい行動を取れる人、いわば「良いモデル」になることを「HERO」としています（下図参照）。

「HERO」が一人でも多く増えることで、例えば教室はいじめが起きない思いやりのあるものになります。部活動においても、チームメイトを尊重し、広い心を持ち、誰でも受け入れられることができる集団になります。子どもたちに「HERO」になることを伝えるためにも、まずは、私たち大人が良いモデルになることが求められます。自分の言動を振り返ってみてください。気付かないうちに誰かを傷つける行動をとっていませんか？　傍観者になっていませんか？　まずは、自分の言動を見直してみることが必要です。

BE A HERO!!

『Be Brave, Be a Hero!!』
（勇気を持ってヒーローになろう！）

「BE A HERO」に込められた想い

H	Help	ヒーローは、友達を助ける勇気、助けを求める勇気を持ちます。
E	Empathy	ヒーローは、弱者の気持ちに共感します。
R	Respect	ヒーローは、どんな相手も尊重します。
O	Open-mind	ヒーローは、心を開き、みんなを受け入れます。

序　章

「BE A HERO」プロジェクトへの期待

いじめをなくすヒーローになろう

読売ジャイアンツ
「BE A HERO」プロジェクト発起人
岩隈 久志

1 なぜ、「BE A HERO」プロジェクトを企画したのか

①学生時代を振り返り

「いじめ」という問題は僕の周りにも昔からありました。僕自身も、いじめと何らかの関わりはあったと思います。いじめられた記憶もいじめた覚えもありませんが、もしかしたら僕にいじめられたと感じた人はいたかもしれませんし、傍観者の立場になっていたかもしれません。

僕が中学生のころ、ある中学校でいじめを苦に生徒が自殺をしてしまうという事件があり、全国ニュースで流れ、話題となりました。その事件を機に自分が通っていた中学校でも、いじめについて話し合う機会があり、「傍観者も加害者と一緒」と、ホームルームの時間に先生から話をされた記憶があります。

②プロジェクト発足の経緯

しかし、数十年たった今でも、いじめ問題はなくなっていません。そんな話をしていたときに、子どもの発達科学研究所の和久田学先生と出会いました。「いじめを科学でなくせる可能性があるんだよ」という話を聞き、とても興味がわきました。いじめは世界中で研究されていて、「正しくアプローチをすれば、いじめを解決したり起きにくくしたりすることは可能」と、すでに結論付けられているそうです。

「科学」という面で言えば、自分の野球スタイルとリンクしている部分もあります。それで今回「BE A HERO」プロジェクトを立ち上げて、僕は発起人という形で関わらせていただくことになりました。

僕の本業は野球選手で、なぜこの活動を

しているのかと疑問に思われる方もいるかもしれません。僕はただ心から「いじめをなくしたい」と思っています。だからこそ、野球選手である僕が発起人をすることで、この活動をみんなに広く知ってもらい、「いじめの起きない社会」が広がってくれたらという思いで活動しています。

2 「BE A HERO」プロジェクトとは

①「BE A HERO」に込められた想い

「BE A HERO」には「大人も子どもも、正しい知識と行動で、ヒーローになろう」という意味が込められています。

さらに「HERO」には正しい知識と行動に必要な

「H：Help（助け合い）」
「E：Empathy（共感）」
「R：Respect（尊重）」
「O：Open-mind（広い心）」

の四つのキーワードの意味も含まれています。

②アメリカでの経験を通じて

メジャーリーグと「ヒーロー」

僕がアメリカでプレーしていたとき、メジャーリーグという舞台には「Help」「Empathy」「Respect」「Open-mind」のすべてが備わっていると感じました。メジャーリーグには僕を含め、いろいろな国の人が挑戦するために集まってきます。だから、わからないことがあればみんながHelpを出すし、Open-mindの心を持っているから、みんなを受け入れてくれます。そして言葉が違う中で、一人一人がみんなをRespectし合えるから、グラウンドでも自分の力を思いっきり発揮できる。そういうEmpathyをみんなが持っているから、一流選手が集まる舞台になるのだと感じました。

特にメジャーリーグの若手の選手などは、僕のような国や言語が違う選手にも、すごいと思うことがあれば、Respectして話を積極的に聞きに来てくれました。

僕もOpen-mindとRespectは特に意識するようにしています。プロの世界では、力や技術の差はそんなにないと思っているのですが、野球には選手一人一人にポジションがあります。投手という立場はチームから信頼され、自分もチームを信頼していないと成り立ちません。

だから、僕は他のポジションの選手をRespectしているし、僕自身も信頼されるために、行動をしっかりしていくことを心掛けています。

アメリカと日本の文化の違い

日本の場合ミーティングや打ち合わせで、指導者やキャプテンが「こうしよう」と意見を言うと、大抵の場合「はい」と受け入れて終わってしまうことが多いですよね。仮に「それは違う」と思うことがあっても、「あの人は力があるから何も言えない」となってしまうことがあるのではないでしょうか。

それに対して、アメリカの場合は、ベテランや若手であることは関係なく、どんな選手でも手を挙げて、言いたいことを言える環境がありました。

ルーキーであっても関係ありません。そこに傍観している人は存在せず、基本的に「みんなで考えて取り組んでいく」というチームの姿勢が当たり前に存在していたのです。

また、日本は比較的、監督や指導者の意見や考えが優先されやすいと思います。

でも、メジャーリーグではまずは選手個人が尊重されるのです。監督はもちろんチームを引っ張ってくれるし、まとめてもくれます。ただそれ以上に、選手自身が考えたプレーをできるような環境づくりを心掛けてくれています。

野球はミスが必ずあるスポーツですが、一つ一つのミスをいちいち責めることもありませんし、上からモノを言うようなことは、まずありません。プレー以外の場所では上下関係なく冗談なども言い合える、そんな雰囲気づくりが普通に行われていました。

これは野球に限ったことだけではありません。例えば慈善事業などでも、アメリカは良いと思ったら積極的にやっていこうという流れがあるのですが、日本はまずやっていいのか、やってはいけないのかという周りをうかがう雰囲気になることが多いですよね。そういう点で日本にはないものをたくさん感じましたね。

日本もアメリカのように、立場や力関係に縛られないで、思ったことを我慢せずに自由に発言できるようになれたら、いじめを減らすことにもつながるのではないでしょうか。

③いじめを科学でとらえ、解決するために

「アンバランスパワー」と「シンキングエラー」

いじめを深刻化させる要因に「アンバランスパワー（力の不均衡）」と「シンキングエラー（間違った考え）」の二つがキーワードとして挙げられます。

いじめは普通、強い者から弱い者に対して発生します。この「強い」「弱い」は肉体的、物理的あるいは立場の問題と様々な要因が考えられます。その中で被害者である弱者が、加害者である強者に意思表示できなくなってしまうことが「アンバランスパワー」です。

「シンキングエラー」は、いじめの加害者が自分の加害行動をいじめと認識しておらず、自分の行動を正当化して、間違った行動に気付けなくなっている状態を指します。

いじめを予防する

いじめは起きてから対処するのでは、難しくなってしまいます。だからこそ、いじめが起こらない環境づくりを進めていくことが大切なんです。

そのためにも「H」「E」「R」「O」の四つを正しく理解する必要があります。集団にいろいろな子どもがいるのは当たり前のことです。その「いろいろ」はすべて個性なのだから、みんながわかり合って共感できていれば、どんな集団であってもいじめという問題は起きないはずです。

良くないことが起こっていたら、周りで見ていた子が「それは違うよ、こうすればいいんじゃない？」と言ってあげる。例え

浜松市立中郡中学校への訪問

文京区立本郷台中学校への訪問

ば、おとなしめの子が責められがちだったら、それを助けてあげる傍観者がいる。周りが「自分がされたらどうしよう」と思うのではなく、そういうときはヘルプを出す。そういうことができる集団をつくることが必要だと思います。

④「BE A HERO」プロジェクトの実践エピソード

去年は、静岡県浜松市立中郡中学校から活動をスタートさせてもらったのですが、「BE A HERO」プロジェクトを全校生徒で取り組んでくれました。さらに、そこに参加していた中郡小学校の高学年の子どもたちが、今度は小学校全体で取り組んでくれました。このプロジェクトを通して、みんなにいじめは良くないと認識してもらえたという反応もありました。

また、僕らは「正しいことはかっこいい」「良い行動を自ら率先する」そういう「ヒーロー」になってほしいと伝えています。だから、「僕はヒーローになります」という手紙をもらったときは、僕らの想いに共感してくれたことがすごくうれしかったです。

授業をやらせてもらったときの反応もすごく良かったです。僕らが一方的に「これはだめだよ」と教えるのではなく、一緒になって考えて、子どもたちに発言してもらって、手を挙げてもらって…みんな参加してくれました。学校でディスカッションし、みんなの考えを聞くことで、いじめを解決したり、予防したりすることはできると、改めて思いました。

学校の先生から後日いただいたフィードバックにも、子ども自身が自分の行動に対して「これはヒーローなのか」と考えるフィルターをもって見ることができ、考え方が修正され、行動も良い方向に進み、結果として学校全体の雰囲気が良くなったという感想をいただきました。

3 子どもに関わるすべての人へ

①学校の先生方へ

第一は、子どもと同じ目線で向き合って

ほしいと思います。

　僕が子どものころは上から押さえつけるような指導が当然のようにありましたが、その結果、「力がある者が弱い者を押さえつけてよい」という誤った考えが伝わってしまったと思うのです。良いことを増やし、いじめが起きない環境づくりを進めてほしいです。

　また、悪い行動に対しても、先生が一方的に「これはダメ」と示すのではなく、みんなで話し合わせ、なぜそれがよくないのかを考えさせるようにすることで、子どもたちも先生を頼りにしたくなるのではないかと思います。

　今、日本もグローバルな時代になり、学校にもいろいろな国の子が増えているかと思います。中には、日本語が満足に話せない子や、国の文化の違いでこちらが予期せぬ行動に出てしまう子もいるかもしれません。そういうところからいじめが起きてしまうのではないかと心配されている先生も多いのではないでしょうか。

　でも、心配する前に、まずは先生自身が人種や言語が違う場合でも、受け入れる姿勢を持ってあげてください。先生がOpen-mindを持っていてくれれば、子どもにもそれは伝わります。

　先生は子どもたちにとって、最も身近なモデルです。良いきっかけさえあれば、子どもたちはすぐわかり合ってくれます。仲良くなり、その輪が広がれば、みんなが共感できる集団をつくることができると思います。

②保護者の方へ

　子どもと向き合って話すことは、とても大切なことです。僕も子どもが三人いますが、誰よりも親が一番に守ってあげなければと思いますし、そのためには子どもの声を大切にして、どう過ごして何を感じているのかを意識し、子どもがヘルプを出しやすい環境を常につくっておく必要があると思います。

　子どもを孤独にさせないでください。親は子どもの学校での様子を直接見ることはできません。また、SNSによるいじめは大人からは見つけにくいと思います。だからこそ、学校と家庭の両方から把握できるようにしていく必要があるのではないでしょうか。

③スポーツ指導者の方へ

　部活動、特にスポーツは勝負の世界になりやすいですよね。そのため、勝利至上主義で上からモノを言う指導者も少なくありません。でも、僕は勝つことがすべてだとは思いません。学びながら、どうやったら上手くなれるか、技術を磨くことができるかを自分たちで考えて、つくり上げていくことが大事だと思います。

　例えば、高校の部活動だったら、3年間しかない中で、自分たちが練習方法を考え、つくり上げて、練習に取り組んでいかなければなりません。そこで足りないことを指導者が経験者として教えてあげることが大事だと思います。

　一方的に上から指導するのではなく、コーチングすることが必要です。スポーツで上を目指しているうちに伸び悩んでしまう子どもの中には、一方的に指導されてきて、自分で考えてこなかった子が少なくないと感じています。

4 行動宣言
―言葉にすることの意味

①なぜ、「行動宣言」をするのか

言葉にすることで、自分自身を奮い立たせることができ、その言葉を何度も振り返ることができます。プロジェクトに参加した子どもたちも、行動宣言を書くことで、自分の行いを振り返り、考えることができたようです。

いじめの問題は、子どもの将来にも深く関わる問題です。

子どもは身近な大人や友達の行動を見て、モデルにしています。いじめの行為も元をたどると悪いモデルがいます。逆を言えば良いモデルがいれば、良い行動になります。そして、良い行動が増えれば、考え方も良くなり、問題行動も減っていきます。

②岩隈久志の行動宣言

野球はチームスポーツですが、その中でもピッチャーというポジションは、「自分が投げなければゲームが始まらないし、投球によって結果が大きく左右する」という点で特殊なポジションだと思います。だからといって、すごいというわけではありません。ピッチャーが投げて、バッターに打たれた場合、そのボールを対処してくれるのは野手の選手たちですから。

だからこそチームの他の選手が動きやすく、信頼してもらえるようなプレーを行動で示すことが大事だと考えています。それこそ、良いプレーは子どものお手本にもなります。

このプロジェクトでも、発起人である僕自身が「こうなりたい」と思ってもらえるような良いモデルになるように、そして「本当のヒーロー」になれるよう、正しい行動をしていこうと思います。

広い心でいろいろな人を受け入れる

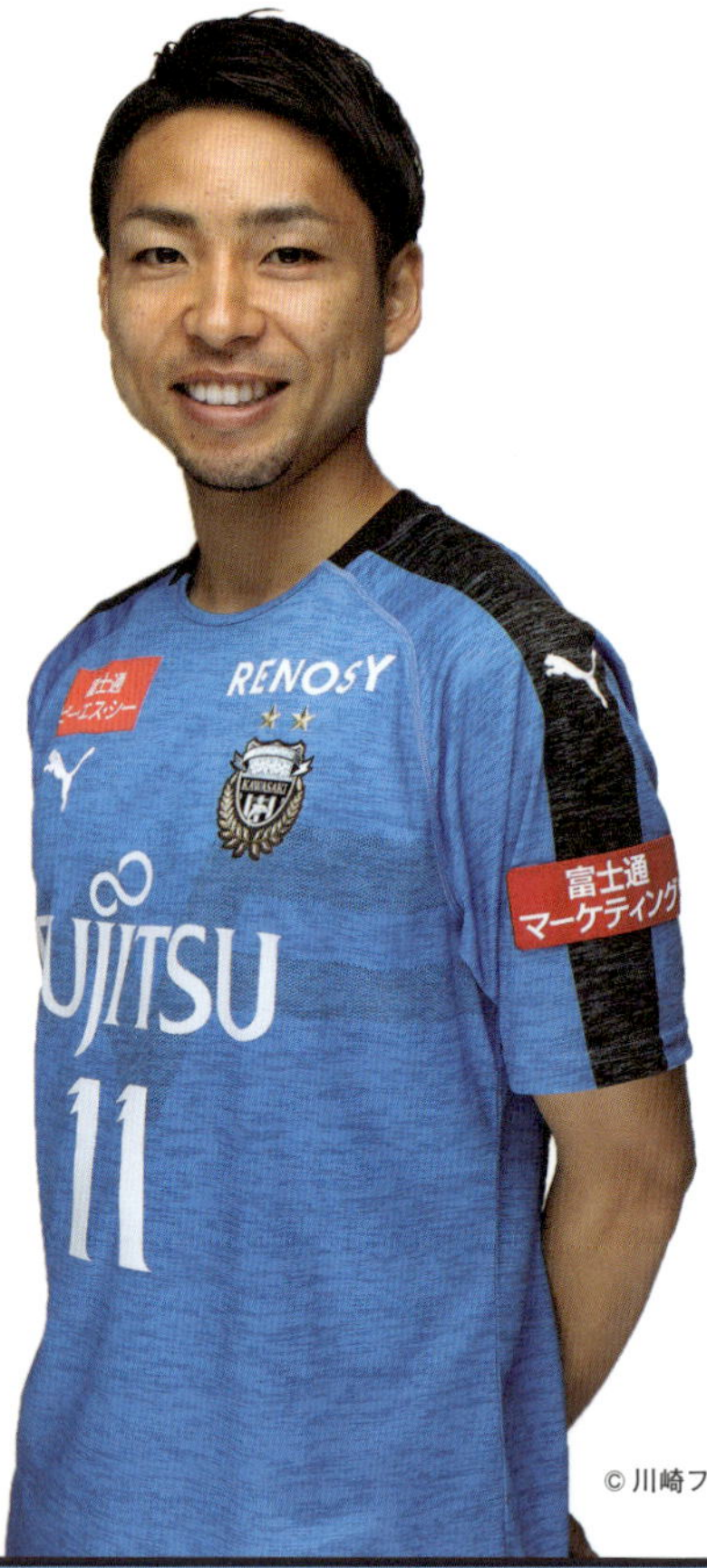

© 川崎フロンターレ

川崎フロンターレ　**小林　悠**

HEROに出会ったことで変わった

「BE A HERO」プロジェクトでは、「HEROになろう」「正しいことはカッコイイ」と子どもたちに伝えていますが、僕も「正しいこと＝HERO」はカッコイイということを子どものころに実感したことがあります。

僕は幼稚園の年中からサッカーを始めたのですが、始めたのが早かったこともあり、小学校低学年のころにはチームで一番うまくなっていました。そんな中で、試合に勝ちたいがためにチームメイトがミスをしたときなど文句を言ったり、威圧的な態度を取ったりして、「試合中になると人が変わるね」と言われるほどでした。

でも、小学五年生になって選抜チームに選ばれたとき、自分よりうまい、しかも選抜チームの中で一番上手な選手がすごく性格もよく、言い方なども気を遣ってくれてポジティブでとてもかっこよく見えて、こういう選手になりたいと思ったんです。

それをきっかけに言い方に気を付け、チームメイトに対してもポジティブな声掛けをしたほうがチームもよくなるし、言われたほうも気持ちよくやれるということに気付きました。それまでは井の中の蛙でした。広い世界に出てみれば自分がまだまだ下のほうだということや、うまくプレーできない人の気持ちもわかったし、ミスに対して言われる辛さも実感し、自分が周りの選手をのびのびとプレーさせていなかったことにも気付くことができました。

変わることには勇気が必要

自分の言い方などを変えることに関しては、これまで強く言っていた分、緊張したり、恥ずかしさがあったりして勇気が必要でした。でも、変えてみたらチームメイトから「優しくなったね。そういう言い方にしてくれてありがとう」と、わかりやすい反応が返ってきて、とてもうれしかったのを今でも覚えています。それを聞いてさらに自分が間違っていたとわかったし、早く気付いて自分を変えられたことが、自分にとってすごくよかったと思っています。

そして小学生ながらに、「かっこよくなりたい」という思いもありました。自分を変えてから改めて味方のミスも自分で取り返すくらいの気持ちも生まれ、サッカーだけでなく、ケンカやいじめを見たら守ってあげたいと思うようにもなりました。

これらのことは、HEROメソッドの中のE＝Empathy（ヒーローは、弱者の気持ちに共感します）に通じることだなと思います。

悪い慣習は自分が変えればいい

また、O＝Open-mind（ヒーローは、心を開き、みんなを受け入れます）が大切だと感じることもありました。

高校の部活動では、僕が1年生のときの3年生は近寄りがたい存在で、もちろん、先輩を尊敬するというところもありましたが、どうしてもしゃべりやすい空気などはなくて、それがとても嫌でした。なので、僕が2年生になったころから異学年の風通しを良くしようと動いて、後輩と一緒にいろいろなことをするように心掛けました。そうしたら創部以来全く出場できていなかった全国高校サッカー選手権に、初めて出場できるようになるなど、良い結果がついてくるようになったのです。

大人になっても大切なことは同じ

プロに入ってからも大切だと思うことは同じです。

川崎フロンターレはフレンドリーでチームの空気がとても良いのが特徴です。先輩後輩間の風通しがいいし、移籍してきた選手がすぐになじみやすい空気があります。以前は「そういうところが川崎フロンターレの悪いところで、仲よしチームだからタイトルは取れない」などと言われることもありました。サポーターの皆さんもとても優しいので、移籍した選手がいるチームと対戦したときも、その選手に対してうちのサポーターは拍手を送るんです。川崎フロンターレで活躍してくれたし、今でも応援しているという意味を込めた拍手だと思います。そういうところも甘いと言われていました。しかし、タイトルを取ることができるようになり、中村憲剛選手や伊藤宏樹さん（元・川崎フロンターレ選手／現・強化部）が築き上げてきたこのチームカラーで結果が出せるようになってきました。自分はキャプテンですが、決して偉そうにしないで、若手選手と仲よくすることで、彼らも委縮せずに自分のプレーができていると思います。

広い心でいろいろな人を受け入れる、それは必ず良い結果、良い空気を生みます。

世の中からいじめをなくすために

最初に「BE A HERO」の話を聞いたときに、アメリカなどでは学校で起こるいじめ問題に関する研究がとても進んでいるということに驚きました。でもこのことは、まだ日本ではほとんどの人が知らないと思うので、これから多くの方々が知ってくれることにより、世の中からいじめがなくなると思うし、なくなることを願っています。僕も子どもがいるので、まずは自分ももっとしっかり理解して、広めていき、生活の中で役立てていきたいと思っています。みなさん、僕と一緒に頑張りましょう！

きみがHERO！

大相撲力士 **嘉風 雅継**

自分が加害者にも被害者にもなりえる

僕は、被害者も加害者も経験したことがあると思います。

中学1年生のとき、クラス対抗の合唱コンクールがありました。僕は、立候補をして指揮者をやったのですが、最初の頃あまりうまくできず、それをきっかけに、「僕対クラス全員」という構図ができてしまい、からかわれるようになりました。それは、「いじめられるというのはこういうことかもしれない」と思うような体験でした。当時のクラスメイトは、いじめようとか、たたき落とそうとか、そういう気持ちはなかったのかもしれません。でも、指揮がうまくできなかったことも重なり、悔しくて泣いたことを覚えています。

一方で、加害者になってしまったかもしれないという経験もあります。

僕は、大学のとき、相撲部に入っていました。そこには、体育会系の部活動ならではの理不尽なルールがありました。僕はいじめているつもりはなくても、そのルールに従って行動することで後輩を苦しめていたかもしれないのです。それを後輩がいじめだと感じていたなら、僕は加害者ということになるのかもしれないと思います。

そんなつもりはなくても…

また、中学生のころ、同じクラスで仲が良いと思っていた友達（A君）と鬼ごっこをして遊んだ翌日、クラスの先生から「Aが、いじめられているから学校に行きたくないと言っている、何かしたのか？」と聞かれました。僕は、じゃれ合いはしたけれど、いじめたつもりは全くなく、むしろA君とは他の友達よりも仲が良いと思っていたので、A君がそんなふうに感じていたのかと、悲しい思いをしたことがあります。その後、どうやらA君は学校を休みたいときに、友達のせいにして休むことがあるということがわかり、僕は「いじめ」の加害者ということにならずにすみました。でも、もし本当にA君が「いじめられた」と感じて、加害者になっていたかもしれないと思うと嫌な気持ちになり、怖いとも感じました。

状況を理解していじめを減らす

いじめに関する法律では、被害者とされる人物が精神的苦痛を感じたら、すべていじめになると定義しています。しかし、子どもたちにとっては必ずしもそうとは限らないかもしれません。そういう状況を目の当たりにしたとき、「BE A HERO」で伝えている「アンバランスパワー」と「シンキングエラー」を理解していれば、それがすぐに対応すべきいじめなのかそうでないのか、先生も子どもも親も判断しやすくなるのではないかと思いました。

「アンバランスパワー」と「シンキングエラー」がその状況で同時に起こっていたらそれは深刻化する可能性の高い「いじめ」で、そうなったらもう子どもたちの力だけでは解決できないということを知っているだけでも、いじめを減らすことができると思います。また、傍観者が、「傍観者の力」を知っているということも、いじめを減らす大きな手立てになると思うのです。

「シンキングエラー」を察知する

僕は、学生のころからできるだけ、理不尽で無駄なルールは排除しようとしてきました。しかし、今でも体育会系の部活動などは縦社会で、どんなことでも先輩後輩と格差をつけたがります。強いレギュラーの人は、試合に勝つためなら、後輩や弱い人のことをいくらでも使ってよいと思っている場合もあります。でも、それは「シンキングエラー」が起こっている状況です。それを皆が理解し、改善しようとすることで、もっと有効で素晴らしい練習ができるようになり、仲間内の空気も良いものになるのではないかと思うのです。

ちなみに、僕が所属している尾車部屋は、親方、おかみさんはじめ、兄弟子、弟弟子のコミュニケーションがうまくとれており、全員の考え方のバランスが取れていて、共感し合いながら、日々稽古をすることができています。

助けを求めることを恐れないで

もし今、辛い思いをしている人がいたら、必ず助けを求めてください。僕は、いろいろな経験から、勉強やスポーツで挫折し、辛い思いをして、目の前に高い壁が立ちはだかっているような気がするときこそ、実は壁を乗り越える一歩手前の状態だということを学びました。辛い思いをしている最中には、なかなかそういうふうに考えるのは難しいかもしれません。でも、助けを求めることにより壁を乗り越える可能性が高まると、僕は信じています。

きみがHERO！

この本を読んでいる人は、少なからずいじめに対し興味を持っているということです。それはつまり、すでにHEROである、もしくは、これからHEROになろうとしているということです。

いじめをゼロにするためには、まず一つでも少なくするために動く、そんなHEROたちの力が必要です。一緒にHEROをもっと増やし、頑張っていきましょう！

「BE A HERO」プロジェクトでいじめのない世界を！

HEROになるということ。～君には世界を変えられる力がある～

いじめをなくすために、私たちには、何ができるのでしょうか。

これまでの科学的研究の結果、周りの人が何らかの行動を起こすと、いじめを止めることができることがわかっています。

いじめのない世界をつくるために、一人一人が『勇気のある行動』のできるHEROになってほしい。HEROには、世界を変える力がある。その力を信じて、行動してほしい。

それが、この「BE A HERO」プロジェクトの願いです。

「BE A HERO」プロジェクトメンバー

一般社団法人　IWA JAPAN 代表理事
内田 康貴

IWA ACADEMY チーフディレクター
公益社団法人　子どもの発達科学研究所特任研究員
木村 匡宏

公益社団法人　子どもの発達科学研究所主席研究員
和久田 学

一般社団法人　IWA JAPAN
「BE A HERO」プロジェクト特任研究員
新保 友映

［内田 康貴］　［木村 匡宏］　［和久田 学］　［新保 友映］

※各種イベント、セミナー等への問い合わせはホームページまで（http://be-a-hero-project.com/）

郵便はがき

料金受取人払郵便

本郷局
承認

3601

差出有効期間
2022年２月
28日まで

１１３８７９０

東京都文京区本駒込5丁目
16番7号

東洋館出版社
営業部 読者カード係 行

ご芳名	
メールアドレス	@ ※弊社よりお得な新刊情報をお送りします。案内不要、既にメールアドレス登録済の方は右記にチェックして下さい。□
年 齢	①10代 ②20代 ③30代 ④40代 ⑤50代 ⑥60代 ⑦70代～
性 別	男 ・ 女
勤務先	①幼稚園・保育所 ②小学校 ③中学校 ④高校 ⑤大学 ⑥教育委員会 ⑦その他（ ）
役 職	①教諭 ②主任・主幹教諭 ③教頭・副校長 ④校長 ⑤指導主事 ⑥学生 ⑦大学職員 ⑧その他（ ）
お買い求め書店	

■ご記入いただいた個人情報は、当社の出版・企画の参考及び新刊等のご案内のためにのみ活用させていただくものです。第三者には一切開示いたしません。

Q　ご購入いただいた書名をご記入ください

（書名）

Q　本書をご購入いただいた決め手は何ですか（1つ選択）

①勉強になる　②仕事に使える　③気楽に読める　④新聞・雑誌等の紹介
⑤価格が安い　⑥知人からの薦め　⑦内容が面白そう　⑧その他（　　　　　）

Q　本書へのご感想をお聞かせください（数字に○をつけてください）

4：たいへん良い　3：良い　2：あまり良くない　1：悪い

本書全体の印象	4—3—2—1	内容の程度/レベル	4—3—2—1
本書の内容の質	4—3—2—1	仕事への実用度	4—3—2—1
内容のわかりやすさ	4—3—2—1	本書の使い勝手	4—3—2—1
文章の読みやすさ	4—3—2—1	本書の装丁	4—3—2—1

Q　本書へのご意見・ご感想を具体的にご記入ください。

Q　電子書籍の教育書を購入したことがありますか?

Q　業務でスマートフォンを使用しますか?

Q　弊社へのご意見ご要望をご記入ください。

ご協力ありがとうございました。頂きましたご意見・ご感想などをSNS、広告、宣伝等に使用させて頂く事がありますが、その場合は必ず匿名とし、お名前等個人情報を公開いたしません。ご了承下さい。

MESSAGE

大人も行動しよう

内田 康貴

私には、三人の娘がいます。もし、「いじめられるから学校に行きたくない」と言われたら、親としてどう行動することが正しいのだろう?という疑問が、プロジェクトを立ち上げるきっかけになりました。

おそらく私の経験則だけでは、「いじめられるほうが悪い」という間違えた対応をし、余計に子どもを追い込んでしまったと思います。親、先生、大人の対応一つで子どもを救うことも、傷つけてしまうこともあります。未来を担う子どもたちのため、大人がいじめについて正しい知識を身に付け、いじめを許さない社会全体の目をつくることが必要だと考えています。

MESSAGE

部活動を楽しむために

木村 匡宏

いじめの構造を知ると、部活動やチーム活動には、いじめが起きやすい環境にあることがわかります。チームには、指導者と選手、先輩と後輩、レギュラーと控えなど、立場によって力の差が生まれます。さらに、勝つためなら何でも許されるという誤った考えが生じやすいのも特徴です。

TEAM PLAYプログラムは、チームについての正しい知識を指導者を含め、チーム全員で共有することができます。また、チームワークを高めるための、行動スキルがわかります。スポーツを本当の意味で楽しみ、チーム力を高めるプログラムをぜひ多くの方に知って頂きたいです。

MESSAGE

いじめは大人の問題

新保 友映

この本を手にとってくださりありがとうございます。この中には「世界中の研究結果＝科学的根拠のある、いじめが起こりにくくなる方法」が載っています。それは大人も子どもも皆が同じように「使える」ものです。子どもたちは自分や友達の心と体の安全のために、大人は未来を担う子どもたち、そして自分のために使ってください。

いじめは大人の問題です。大人が変われば子どもも変わります。そして子どもたちへ。大人はあなたたちのことをたくさん考えています。守りたいです。皆が笑顔で過ごせるよう、私たちは頑張ります。

MESSAGE

科学の利用価値を知ろう!

和久田 学

世界中の多くの研究が、いじめが子どもたちの今と将来に与える影響の深刻さを報告しています。

ですから私たち大人は、子どもたちの未来のために、いじめをなくさなければなりません。

そのとき、私たちが使うべきは科学です。これまでの研究成果を十分に利用し、効果的にいじめに対処することが重要です。

いじめ撲滅は一人ではできません。多くの大人が責任を果たす必要があります。

この本をきっかけに、多くの皆様がこのプロジェクトに参加し、自らの問題として行動してほしいと願っています。

第１章

知っておきたい
「いじめ」の基礎知識

なぜ、いじめはなくならないのか

いじめが社会問題化して相当な時間が経ちました。しかし、いじめに関わる深刻な事件は続いています。文部科学省が公表する調査結果からも、いじめが減る様子は全く見られません。

こうなると、いじめをなくすことなんて不可能ではないかと考えたくなりますよね。特に学校現場は深刻で、相変わらず難しい状況に直面しています。

例えば、いじめをしていた子どもは、注意されたとしても、「遊んでいただけだった」「あんなことで気にするほうが悪い」などと言い張る傾向にあると言われています。そうしたとき、先生は一方的に指導ができるでしょうか。

保護者にもいろいろな意見があります。ちょっとのことで過敏に反応する人もいるでしょうし、かなりのいじめがあったとしても、「いじめを乗り越えることが大切だ」などと言う人だっています。学校としては、保護者の意見も気になるはずです。

それにしても、なぜこんなにいじめ対応は難しいのでしょうか？

実を言いますと、**ほとんどの大人、子どもがいじめの経験者であることがいじめ対応を難しくしている**可能性があるのです。

経験者が多いと難しくなる

経験者が多いと対応が難しくなるなんて、不思議なことだと思う人が多いでしょう。ですが、考えてみてください。同じ「いじめ」を経験したと言っても、その「いじめ」は同じだと言えますか？

つまり、同じ「いじめ」だと思っていても、実は違うもの、違う状況を指している可能性が高いのです。

例えば、お父さんが「いじめなんて、たいしたことはない」と言ったとしても、お父さんが考える「いじめ」と今を生きる子どもが直面している「いじめ」は全く違うかもしれません。同様に学校の先生が想像する「いじめ」と、今、教室内で起きている「いじめ」は違う可能性があります。

同じ「いじめ」という言葉を使いながらも、違うものを考えているのに、その中で「どうしたら『いじめ』をなくすことができるのか」を議論しても、うまくいくはずはありませんよね。

科学を使おう

そこで私たちは、いじめの撲滅、予防に**科学を使うこと**を提案します。

え？　いじめに科学を使うってどういうこと？

そう疑問に思う人が多いことでしょう。でも、これまで私たち人類は、様々な問題

いじめのとらえは一人一人違う

を、科学を使って解決してきています。だから、いじめという大きな問題に科学で立ち向かうというのは、もっともな考え方なのです。

それに、実を言うと、いじめに関する科学的研究は世界中で行われています。そして科学的根拠（エビデンス）があるいじめ予防プログラムがたくさん開発され、世界中の学校現場で使われています。

科学的研究では、たくさんのデータを集めます。ですから、個人の経験則に左右されることなく、客観的な事実が明らかになります。例えば、子ども時代にいじめの被害を受けると、大人になってからも、うつ、引きこもりなどになりやすいことが明らかになっています。加えて、加害者（いじめをした人）、傍観者（いじめを見ていた人）も、その将来にまで悪い影響があることがわかっています。

いじめは、そのときだけの問題でなく、子どもたちの将来にまで影響を及ぼすのです。だからこそ、絶対になくさなければなりません。

それから、加害者、被害者、傍観者それぞれの特徴、どのような環境だといじめが起きやすくなるのかもわかっています。もちろん、いじめを予防する方法もわかっているわけですから、こうしたことを学ぶことは、私たちにとって、とても大切なことだと言えるのです。

いじめの構図

沈黙する被害者

いじめの深刻な事件についてのニュースを見聞きすると、「なぜ助けを求めなかったのか」と疑問に思う人が多いと思います。

しかし、多くのいじめ被害者は誰にも助けを求めず、ただひたすら、その困難な状況で苦しむことになります。

なぜでしょうか？

アメリカのいじめ予防プログラムの開発者であるボンズ博士らは、被害者の沈黙の理由を次の三つで整理しています。

①助けを求めたが、「そのぐらい我慢すべきだ」「自分で何とかしなさい」などと言われてしまったから
②孤立していて、助けを求められないから
③助けを求めることはカッコ悪いと思っているから

「なるほど」と思うことばかりですね。

この中の①は明らかに大人の責任です。勇気を振り絞って助けを求めてきた子どもに対し、①のような反応をすると、心が折れてしまいますよね。

次の②はどうでしょうか。

これも大きな問題です。「ひとりぼっち」は、いじめ被害ばかりか、不登校、犯罪、精神疾患など、様々なことのリスクを高めることが、多くの研究でわかっています。

今を生きる子どもの中には、友達がいなくて学校で孤立しているばかりか、家庭に帰ってもお父さん、お母さんが忙しく、ひとりぼっちのままでいる子どもがいます。

こうした子どもに対して、手をさしのべ、仲間の中に入れるように支えることも、実は大人の責任だと考えるべきでしょう。

最後の③は、どうでしょうか。

実は、③も大人の責任です。

なぜなら、先生も親も、よく子どもに「そのくらい、自分でやりなさい」と言うからです。

もちろん、子どもに「自分でやる」ように促すことは大切だと思う人も多いでしょうが、考えてみてください。大人の側は、「些細なことは自分で解決してほしい。でも重大なことは助けを求めてほしい」という意図があるのですが、子どもは、何が些細なことで、何が重大なことかわかりません。

そのため、**子どもは、どんなことでも助けを求めてよいのです**。そこをきちんと子どもたちに教えておかなければなりません。

やめられない加害者

これだけいじめが問題になっているのに、なぜ「いじめをする」子どもがいるのでしょうか？

おそらく、子どもが100人いたら、そ

いじめの構図

の100人全員が、いじめをしてはいけないことを知っています。それなのに、いじめをしてしまうのは、その子どもたちが**シンキングエラーを起こしているから**と言われています。

シンキングエラーとは、「間違った考え」を意味します。例えば、いじめ加害者が言う「あれはいじめじゃなくて、遊びだ」「みんなやっているから問題ない」「相手も喜んでいた」などというのは、相手の気持ちを考えないことからくる、シンキングエラーです。

さらに恐ろしいことに、集団全体が「伝統だから」「あれはいじめではなくて、指導だ」のようなシンキングエラーを起こしていることもあります。大人（指導者・保護者など）だって同じです。だから、いじめをなくしたいと考えたら、**大人も自分がシンキングエラーを起こしていないかを、チェックすべき**なのです。

何もしない傍観者

傍観者についても、「いじめを見ているだけで傷ついてしまう」ということがわかっています。中には被害者と同じく、PTSD（心的外傷後ストレス障害）になってしまう人もいるそうです。

「そんなにつらいのなら、いじめをやめさせればいいのに」と思うのですが、それができないところに傍観者の難しさがあると言えるでしょう。

アメリカのヘーズラー博士は、傍観者が何もしない理由を次の三つと言っています。

①何をしていいか、わからない
②報復を恐れている
③何かをして、状況がさらに悪くなることを恐れている

ところが、カナダのクレイグ博士らの研究によると、傍観者は何もできないのに、心の中ではいじめなんて、やめさせたいと考えているそうです。しかも、もしも彼らが行動を起こせば（例えば、その場で、「そんなこと、やめたほうがいいよ」などと言う）、半分以上のいじめが数秒以内に止まったと言います。

つまり、傍観者がいじめを止めようと、何らかの行動を起こしさえすれば、いじめは早い段階で止めさせることができるということです。

傍観者は、単なる傍観者ではありません。**傍観者こそ、いじめを撲滅させる力を持っている**と言えるのです。

いじめ深刻化のキーワード

「いじめ防止対策推進法」では、いじめは次のように定義されています。

■いじめ防止対策推進法　第2条
この法律において「いじめ」とは、児童等に対して、当該児童等が在籍する学校に在籍している等当該児童等と一定の人的関係にある他の児童等が行う心理的又は物理的な影響を与える行為（インターネットを通じて行われるものを含む。）であって、当該行為の対象となった児童等が心身の苦痛を感じているものをいう。

つまり加害者から被害者に対し、何らかの「行為」が存在し、その結果、被害者が「心身の苦痛」を感じていると、いじめなのです。そうすると、子ども同士のちょっとした争い、行き違いまで、すべていじめとなってしまいます。

そこで、ここでは深刻化しやすいいじめに共通するキーワードを紹介しましょう。

アンバランスパワーがあるから、被害者は何もできない

多くのいじめ研究者が、いじめの特徴に「加害者と被害者の間にアンバランスパワー（力の差）が存在する」としています。

つまり加害者のほうが、被害者に比べて強い力を持っていると言うことです。

誤解してほしくないのですが、ここでの力の差とは、肉体的な（例えば体格が大きい小さい）、もしくは暴力のような具体的な力（力が強い弱い）の差だけを言っているわけではありません。精神的な力の差（精神的にタフか、そうでないか）や知的能力の差（成績が良いか悪いか）、社会性の差（仲間が多いか、ひとりぼっちか）、立場の差（リーダーかそうでないか）なども含みます。年齢の差、先輩と後輩も当然、力の差になるわけです。

子どもたちは、一人一人、個性がありま す。だから一見、同じ年齢、同じ立場に見えても、微妙な力の差ができるのは当然だと考えたほうがいいのです。

さて、そのアンバランスパワーなのですが、これがいじめ関係の中にあると大変です。

なぜなら、被害者（力が弱いほう）は、加害者（力が強いほう）に対して、やり返すことどころか、「いやだ」「やめてほしい」と言うことさえできなくなるからです。場合によっては、にこにこ笑って、何も傷ついていないふりをすることさえあります。

つまり**アンバランスパワーがあると、被害者は何もできない状況に追い込まれてしまいます**。

シンキングエラーがあるから、加害者はやめられない

では、加害者はどうでしょうか。

アンバランスパワーの強いほうである加害者の側が、いじめをやめれば良いのですが、そうはいかなくなる場合があります。

シンキングエラー、つまり「間違った考え」の問題です。

加害者にシンキングエラーがあると、被害者がいくら傷ついていても、そのことに気付けません。弱者に対して共感することができなくなり、「これは遊びだから大丈夫」「みんなやっていることだから問題ない」などと信じ込んで、自らの行動を変えられなくなるのです。

つまり**加害者も、いじめ関係から抜け出せなくなるのです**。

環境がリスクを高める

この二つのキーワードがそろうと、当事者である加害者と被害者は何もできなくなり、いじめは深刻化してしまいます。そこで考えてみましょう。この二つのキーワードがそろいやすくなる環境があると思いませんか。

子どもに限らず、私たちは環境の影響を受けます。いじめも同じです。

深刻化するいじめが起こりやすい環境、起こりにくい環境があるのです。

では、どんな環境がいじめ深刻化のリスクを高めるのでしょうか？

この二つのキーワードで考えてみましょう。

アンバランスパワーとシンキングエラーの両方が起きやすい集団。

例えば、スポーツクラブ（部活動）はどうでしょうか？

「先輩、後輩」「レギュラーと補欠」「うまい人と初心者」など、アンバランスパワーが生じやすくないでしょうか。「勝つためなら何をしてもよい」「多少、相手がつらくても、指導だから仕方ない」のようなシンキングエラーを起こしやすくないですか？

もしもこの二つがそろいやすかったら、注意しなければなりません。

アンバランスパワーが集団に悪い影響を与えていないのか、集団そのものがシンキングエラーを起こしやすくしていないか、そこを確かめる必要があるのです。

いじめを予防する

いじめが社会問題化してから、文部科学省、教育委員会、学校はもちろん、保護者、専門家と言われる人たちも、いじめについて、様々な対応策を発表し、具体的な対策に乗り出しました。

しかし、それでもいじめは減りません。いじめに関係した深刻な事件も続いています。

なぜでしょうか。

実はこれまでの対策の多くが、いじめの加害者、被害者に対するアプローチを中心にしていることが問題なのです。

誤解してほしくないのですが、いじめの加害者や被害者へのアプローチが必要ないと言っているわけではありません。それはもちろん大切なことですし、今のまま、もしくはそれ以上に頑張って取り組む必要があります。しかし、それだけでは足りないかもしれません。

なぜかと言うと、いじめの加害者や被害者へのアプローチは、**いじめが起こることを前提にしている**からです。

よく考えてみてください。いじめが起こらないと、いじめの加害者も被害者も現れませんよね？　だから、加害者、被害者へのアプローチは、いじめが起こることを前提としていると言えるのです。

このように、いじめが起こることを前提にしたアプローチだけをしている以上、いじめは減りません。私たちが今、やらなければならないのは、いじめを起きなくすることです。もしくは起きたとしても深刻化しないうちに解決する仕組みを構築することなのです。

禁止だけではうまくいかない

いじめは、子どもの行動の問題です。つまり、「いじめ行動（誰かに対する攻撃行動）」が問題なので、その行動をなくせばいいということです。

ところが、ここで問題があります。

ある行動を**やらない**ようにする、ということは、目標として非常に難しいのです。

例を挙げましょう。

テレビゲームばかりしている子どもがいたとします。宿題もやりません。だからお母さんは、「ゲームをやめさせたい」と考えたとします。

これは一見、簡単です。「やめなさい」と言ったり、実際にやっているところに行って、ゲームのスイッチを切ってしまったりすれば良いのですから。

ただし問題があって、この場合、その子がゲームをやらなかったとき、代わりに何をすべきなのかわからなくなる可能性があります。もちろん宿題をやればいいのでしょうが、それが難しいからゲームをしていたわけで、結局、その子は親の隙を狙ってゲームをやっては叱られるということを繰り返すことになります。

いじめ問題もそれに似ていて、禁止する

ことは可能ですが、その代わりにどうすればいいのかわからなければ、単に大人に隠れて「いじめ」を繰り返すことになります。

特に「いじめ」が何かを判断できない子どもは、何をやめればいいかすらわからなくなってしまう可能性があります。

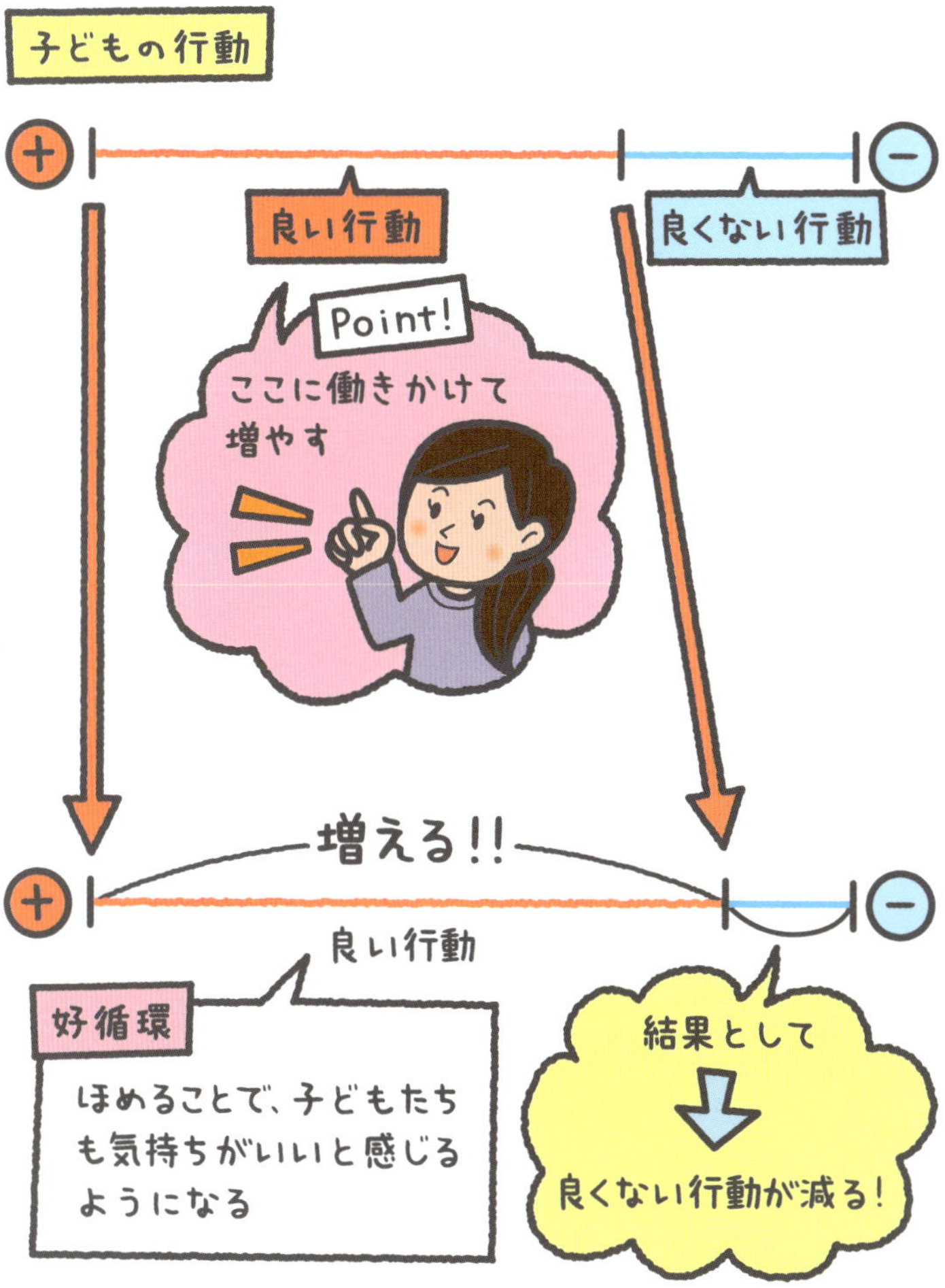

良い行動を増やせばよい

そこでやるべきことは、良い行動を増やすことです。

これは、健康問題へのアプローチを考えるとわかりやすいでしょう。

ある病気の予防をするとき、「○○病にならないようにしましょう」とキャンペーンをしてもあまり意味がありません。なぜなら、○○病にならないようにする方法がわからないからです。

それよりも例えば「緑黄色野菜を食べましょう」とか「△△を食べるときは火を通しましょう」のように、具体的な行動を促すアプローチのほうがはるかに具体的で効果が高いのは、言うまでもないことです。

子どもの行動も同じです。「ゲームをやらないようにしましょう」「いじめをしないようにしましょう」などと言うよりも、「帰宅したらすぐに宿題をやりましょう」「外で遊びましょう」だったり、「友達と仲良くしましょう」とか「問題があったら話し合いで解決しましょう」と言うほうがずっと具体的でわかりやすいのです。

なぜなら、良い行動が増えれば増えるほど、**結果として良くない行動（例えばいじめ）が起こりにくくなる**からです。

それに良い行動が増えれば、ほめることができます。子ども自身も気持ちがいいですよね。みんなで明るく頑張ることができるわけです。

HEROメソッド

「BE A HERO」プロジェクトの中心は、HEROメソッドを子どもたちに伝えることです。

HEROメソッドとは、**「行動基準」**です。いじめをなくそう、という発想ではなく、良い行動を増やせば、結果としていじめはもちろん、多くの問題が予防できるという考えです。

では、HEROメソッドで提供している行動について、説明していきましょう。

Ⓗ Help：助けること、助けを求めること

いじめでは、アンバランスパワーとシンキングエラーがそろうと、当事者である加害者と被害者では解決できないという構造ができてしまいます。そのとき、その場にいる者（傍観者）である子どもが、「そういうことは良くないよ」など、いじめ行動をやめさせるような行動をとると、半分以上が、数秒以内にその行動をやめさせることができると言われています。

もちろん、その場でいじめ加害者に対抗することは難しいかもしれませんが、例えば、いじめ加害者がいなくなってから、傍観者である子どもが大人に助けを求めるなど、被害者を救うことができる可能性があります。

また、様々な理由から沈黙してしまうことが多いいじめ被害を受けた子どもに対して、「助けを求めることは、カッコ悪いことではない」「むしろ、助けを求めることは大切なのだ」と教えていく必要があります。

ヘルプは、傍観者に対して、いじめをやめさせるための行動を促すと同時に、すべての子どもに「いじめに限らず困ったら、助けを求めて良い」ことを強調します。

Ⓔ Empathy：共感

いじめ加害者のシンキングエラーは、相手に対する共感のなさ（相手の気持ちを考えないこと）に原因があると言われています。

自分は楽しくても、相手は楽しくないかもしれない。みんなは問題ないと言うけれど、相手は傷ついているかもしれない、そんなふうに相手の気持ちを考える行動は、いじめ加害だけでなく、多くの問題を予防する可能性があります。

Ⓡ Respect：尊重

これはとても重要なキーワードです。なぜなら、どんな相手であろうとも、その人をリスペクトしていくことは、今の多様な社会を生きる上で、非常に重要なことだからです。

例えば、障害者、外国人、LGBTなど、マイノリティと言われる人々は、私た

ちの社会の中で、弱者となりますが、彼らを差別せず、むしろ彼らを尊重することは、今の社会でより一層求められることでしょう。

深刻化するいじめのキーワードにあるアンバランスパワーの影響を最小限に抑えるためにも、子どもたちに弱者を含んだすべての人を尊重することを教えなければなりません。

◎Open-mind：広い心

いじめ被害を受けるリスクを高める要因に「孤立」があります。

「孤立」はいじめ被害だけでなく、抑うつ、非行、不登校などのリスクも高めてしまいます。

この「孤立」を防ぐには、本人の努力だけでは足りません。集団を構成するすべての子どもたちが、広い心を持ち、どんな友達も受け入れなければなりません。

また広い心があれば、相手を許すこともできるようになるでしょう。

友達との行き違いで、謝ったり謝られたりということはよくあることです。そのとき、相手を気持ちよく許すことも、一つの重要なスキルです。

HEROメソッドは将来の幸せを約束する

このようにHEROメソッドは、子どもたちに正しい行動基準を提供します。また、HEROメソッドによる行動は、いじめ予防にのみ効果を及ぼすものではありません。

これらの行動は、**子どもたちが将来、社会人になってからも必要なこと**です。これらを早く明確に教えておくことにより、思春期のリスクを下げるだけでなく、将来の幸せを実現することになるのです。

思春期という難しい時期

思春期が非常に難しい時期であることは、私たち大人も経験上わかっています。「情緒不安定になる」「暴力的になる」「不安になる」など、人によって様々ですが、気持ちも行動もまとまりがつかず、本人さえコントロールできない状況になることが多いようです。こうした思春期の難しさは、**脳の発達のアンバランスさからくるもの**で、おおよそ13歳から20歳くらいの時期であることがわかっています。

思春期は、様々な問題を起こすリスクが高い時期です。いじめ加害や非行をしやすくなり、依存、抑うつ傾向も高まりますが、専門家の中には、この時期を安全に過ごすことができるならば、成人期以降の問題も予防できると言う人もいます。

そうしたことから、「BE A HERO」プロジェクトでは、子どもたち自身に、自分たちが迎える（もしくは今、まさにまっただ中にいる）思春期について丁寧に説明するようにしています。

「不安になること」「不安定になること」「怒りっぽくなること」が多くなるのが思春期であり、その結果、友達と傷つけ合ったり、時には自らを傷つけたりすることがあり得ること。それを何とか安全に過ごしてほしいからこそ、互いにHEROとなる行動を心掛けてほしいと伝えます。

子どもたちは、将来、幸せになりたいと思っています。友達の幸せも願っています。彼らは、私たちがそうであったように、生きることに真剣なのです。だからこそ、こちらも真正面から向き合い、彼らの幸せのために、正しい行動を教えなければなりません。

行動を変えることの大切さ

今の行動は、将来に影響します。いくら良いことを考えていたとしても、それだけでは十分ではありません。具体的な行動で表してこそ、将来に結び付きます。

当たり前のことですが、だからこそ、私たちは行動にこだわらなければなりません。「いじめは良くないことだ」「いじめはかわいそうだ」と考えているだけではだめなのです。**勇気を持って、行動を変えなければならない**と呼び掛けます。

そのためには、大人も行動を変えて見せなければなりません。だからこそ「BE A HERO」プロジェクトでは、子どもだけでなく、大人も一緒に行動宣言をし、一緒に行動を変えることを重視するのです。

実は大人がモデルになっている

いじめ予防プログラムの開発者であるボンズ博士は、いじめ加害者にモデルがいる可能性が高いことを指摘しています。

実際に調査をしてみると、例えば、厳しいコーチ（子どもたちに対して、言葉の暴力で指導するような）がいるスポーツクラブに所属している子どもたちの中に、いじめが多いのです。

つまり悪い行動は、ある意味、伝染します。いじめ被害に遭った子どもが、次のときにはいじめをする側に回るなんてこともよくある話です。

でも、考えてみてください。悪い行動が伝染するのなら、良い行動だって伝染するのではないでしょうか。**良いモデルがありさえすれば、周りの子どもの行動も良くなる**はずなのです。

そんなわけで、「BE A HERO」プロジェクトでは、大人も子どももHEROメソッドに沿った良い行動をし、互いに『よいモデル』になることを目指します。

そして、良い行動が増えると、それが集団の基準になり、いじめが起こりにくい、居心地の良い集団に変わっていくのです。

このように集団の雰囲気が良いと、学校で言うならば、いじめや不登校、非行が減るだけでなく、学力も高くなることがわかっています。当たり前のことです。居心地の良い集団であればあるほど、子どもたちは本来やるべきことに集中できるようになるからです。

スポーツをする子どもたちへの期待

「BE A HERO」プロジェクトは、スポーツをする子どもたちをターゲットの一つにしています。

スポーツをする子どもたちは、活発でエネルギーに満ちていて、教室ではムードメーカー、集団のリーダーになることが多いように思います。

子ども集団の中で影響力が大きい子どもがたくさんいるはずです。

だからこそ、彼らには正しい行動をしてほしいのです。本当のHEROになってほしいのです。

彼らがスポーツマンシップの言葉の通り、HEROになり、集団の核になっていくことができれば、それはすべての子どもたちの今と将来の幸せにつながっていく可能性が高いと思っています。

※さらに「いじめ」について詳しく学びたい人へ→『学校を変えるいじめの科学』和久田学［著］、日本評論社

第2章

HEROメソッドで「いじめ」を防ぐ

HEROになろうセミナー

「HEROになろうセミナー」の流れと内容

①理解する
まずは、いじめについて、大切なことを理解してきます。ここでの知識が、その後のワークショップや行動宣言につながっていきます。

⬇「思春期」「脳の発達」「将来の幸せ」について

②考える
HEROメソッドの四つの視点、それぞれのエピソードについて、自分だったらどうするのかを考え、さらには「正しい行動とは何か」を確認します。そして、自分にできる行動の変化を考えさせます。
H［ヘルプ］：被害者の沈黙を防ぐ。傍観者に行動を促す。
E［エンパシー］：加害者・傍観者のシンキングエラーを防ぐ。
R［リスペクト］：弱者に対しても相手を尊重することで、いじめを起きにくくする。
O［オープンマインド］：孤立を防ぎ、いじめ被害リスクを減らす

③行動する
最後に行動宣言を書き出します。一人一人が自らの行動を振り返り、良い行動をすることにより、集団の雰囲気をより良いものにしていきます。

1 授業開始

(1)大切なこと

はじめに、参加者全員で、これから「とても大切なことを学ぶ」ということを確認します。

大切なことというのは、次の三つです。

①思春期は誰もが不安定になる時期であること

先生やお父さん、お母さんも、思春期は大変だったことを伝え、今、自分たちがその大変なときを生きていることを伝えます。

②思春期が不安定なのは、脳の発達に起因すること

脳科学によると、思春期の脳はバランスが崩れることがわかっています。ここでは脳画像を見せながら説明します。

③その思春期を安全に生きるためにどうすればいいのか、これから学ぶこと

思春期を安全に生きることが、その後の将来に大きな影響を与えることも合わせて説明します。この三つには、すべて科学的根拠（エビデンス）があることを知らせ、だからこそ、ここでの話は真剣に聞かなければならないことを伝えます。

(2)エピソードを使ったワークショップ

テーマは、「行動を変える」です。行動を変えるためには、正しいことを学ぶだけでは足りません。そこで、子どもたち自身のいじめをやめよう、いじめをなくすための行動をとろうという気持ちを高めます。

具体的には、身近にありそうなエピソードを用いて、子どもたちに、これはいじめなのか、遊びやふざけと考えていいのかを考える機会をつくり、議論してもらいます。意見を発表していく中で、もし間違っていたら、シンキングエラーに陥っているので、丁寧に説明し、考えを正していきます。そして、クラス全体で、いじめをなくすために良い行動を増やすことを共有していきます。この内容については、42～49ページで手順とともに紹介しています。

(3)行動宣言を考える

これまで学んできたHEROメソッドの四つのこと、Help、Empathy、Respect、

Open-mind の考え方を参考にし、明日からこんな行動をしたいという自分の行動宣言を書き出します。具体的な例を挙げ、子どもたちが少しでも行動を変えるように励まします。

2 さあ！行動宣言

行動宣言を考え、専用の用紙に自分の行動宣言を書き出したあと、今度は、先生や仲間に自分の行動宣言を確認してもらいます。2～3人ぐらいに自分の行動宣言を見せて、説明します。

お互いに、もっと良い行動宣言にならないかを一緒に考え、アドバイスを送ります。そして、良かったら、サインするスペースに署名をします。

最後に、自分の行動宣言を発表します。行動を変えることは、とても勇気がいります。でも、間違った行動を良い行動へ変えることは、自分の将来をより明るいものへとするためにとても大切なことです。正しいことはカッコいい。みんなの良い行動が友達への助けになり、学校の雰囲気（風土）も良い方向に変わります。

全員に配付する行動宣言の用紙

3 HEROの広がり

このセミナーの終了後、HEROメソッドや行動宣言をどう活かすのかが大切です。クラスごとに定期的に確認をしたり、何かトラブルがあるたびにHEROメソッドに立ち戻って考えたりすることで、より効果を上げることができます。

HELP

困ったときは、助けを求める。
困った人がいたら、助ける

エピソード1

ある日、学校に行ってみたら、急にあなたは、みんなから無視されていました。

仲の良い友達に聞いてみたところ、「昨日、あんたが私たちのメールを無視したからだよ」と言われました。実は、昨日、体調が悪くて、そんなことをする余裕がなかったのです。

Q みんなはどちらの意見に賛成するかな？

意見❷

理由がなんであれ、友達を無視するのは良くないことだ。自分で解決できなければ、他の友達や先生に助けを求めても良い。

イワクマくん

意見❶

体調が悪いくらいで、返事をしないのはおかしい。無視されても仕方ないから我慢すべきだ。

ウチダくん

正しい意見 ▸▸▸ 意見❷

Point
助けを求めることは、恥ずかしいことではない!!

大切なこと

助けを求めることは、恥ずかしいことではない。

それに、理由が何であれ、その他の人を傷つける権利はない。

「つらい」ときには、誰かに相談したり、助けを求めたりするのは当たり前のこと。むしろ、我慢するのは良くない。

岩隈選手のエピソード

メジャーリーグに挑戦した最初の年。最初に戸惑ったのは、やはり「言葉の壁」でした。

チームのミーティングには、通訳は入れません。だから、何を言っているのか全くわからず不安になりました。でも、監督も、コーチも、チームメイトも、何かあれば声を掛けてくれるし、一人で困ることはほとんどなかったのです。チームで孤立することなく、マウンドでも仲間が助けてくれたおかげで、最初の年から、思い切りチャレンジすることができました。いいチームは、互いに助け合おうという空気ができています。皆親切で、その中でもレギュラークラスの選手ほど、みな紳士的なのです。

Empathy　相手の気持ちに共感する

エピソード2

あるクラスでの出来事。

いつも休み時間になると「鬼ごっこ」が始まります。

いつ頃から始まったのかよくわかりません。楽しいのですが、一つだけ気になることがあります。鬼になるのはAさんだけなのです。みんなでAさんを避け、Aさんから逃げます。

Q みんなはどちらの意見に賛成するかな？

意見❷

いやいや、Aさんも笑っているし楽しそう。みんなも喜んでいるし、これは遊びだと思う。

ウチダくん

意見❶

Aさんが鬼で、避けられているのは、おかしい。これはいじめだと思う。やめたほうがいい。

イワクマくん

正しい意見 ▶▶▶ 意見❶

Point
「相手の気持ちを考える」
ことは、とても大切!!

大切なこと

「相手の気持ちを考える」ことは、とても大切。

お互いがお互いの気持ちを考え、思いやりを持つと、いじめはなくなるし、互いに気持ちのいいクラスができる。

自分がAさんの立場だったら、どうだろうか…

イヤだと言うことすらできないかもしれない。つらいけど、仕方がないと諦めているかもしれない。いつもみんなに避けられて喜ぶ人なんていない。

岩隈選手のエピソード

メジャーリーグでの経験で、僕がそれこそ共感したのは、監督やコーチの選手への関わり方でした。メジャーリーグの監督は、選手のミスを絶対に責めません。むしろいかにそのミスをカバーするかを考えてくれます。

監督、コーチは、選手の上に立つというよりも、選手が最高の実力を発揮するためにどう環境を整えられるかに注力します。日本の野球でありがちな、ミスしたからまるで罰則かのようにすぐ交代させることや、ましてや、選手を強く罵倒することなど一切ありません。監督は、選手の立場をよく理解し、共感してくれる存在なのです。

Respect　相手を自分と同じように大切にする

エピソード3

　あるスポーツクラブでの出来事です。

　チームのレギュラー（そのスポーツがうまい子ども）は、そうではない人に、いろいろと用事を頼みます。

　道具の準備や片付けなどが主なのですが、レギュラーの一人が自分の荷物を持たせたり、お菓子を買いに行かせたりしているのがわかりました。

Q みんなはどちらの意見に賛成するかな？

意見❷

道具の準備や片付けは、クラブの仕事なのでいいけれど、自分の荷物を持たせたり、お菓子を買いに行かせたりするのは、やりすぎだと思う。やめたほうがいい。

イワクマくん

意見❶

レギュラーは、そのスポーツがうまい選ばれた人だから、そうでない人に何かを頼むのは、当然の権利だと思う。

ウチダくん

正しい意見 ▶▶▶ 意見❷

Point
相手を自分と同じように
大切にしよう!!

大切なこと

「相手を自分と同じように大切にする」ことは、とても重要。

相手を大切にすると、自分も大切にしてもらえる。立場が弱い人ほど大切にするのは、とてもかっこいいこと。

どの人も、一人の人間として尊重（大切に）されなければならない。

クラブの仕事として必要であるならばOKだが、それを越えて何かを命令するのはおかしい。

岩隈選手のエピソード

僕がメジャーリーグで、とてもいいなと思ったことがあります。それは、立場に関係なく一人一人が自分の意見を言い合えることです。あるミーティングのときに、試合に出ていない選手も、新人の選手もチームが勝つためにどうしたら良いか、みんなが意見をバンバン言い合います。日本では、あまり考えられません。上下関係がはっきりしていて、ミーティングで意見を言える人は、コーチ、キャプテンや、そのチームでうまい人など限られているように感じます。僕が経験したメジャーリーグでは、一人一人を大切にし、尊重し合うからこそ、立場に関係なく、お互いに意見を出し合える関係づくりができていると感じました。

Open-mind 広い心を持って、相手を受け入れる

エピソード4

ある日、あなたのクラスに転校生がやってきました。

使っている言葉（方言）も違うし、雰囲気も違います。

少し話をしてみましたが、何かずれを感じました。そのため、その転校生を仲間として受け入れられない雰囲気ができ上がってしまいました。

Q みんなはどちらの意見に賛成するかな？

意見❷

転校生だって仲間に入りたいはずだ。こちらがもっと受け入れる気持ちを持たなければならない。

イワクマくん

意見❶

転校生のほうが、もっとみんなと打ち解ける努力をすべきだ。それに転校生は一人でいるのが好きなのかもしれない。放っておけばいい。

ウチダくん

正しい意見▶▶▶意見❷

Point
広い心を持って、
みんなを受け入れよう!!

大切なこと

ひとりぼっちを救うことは、とても大切。勇気を出して声を掛けることで、仲間になれるはず。少なくとも、みんなが心を開いておくことが大切（あなたのクラスにひとりぼっちはいませんか？）。ひとりぼっちは悲しい…。誰もが広い心でみんなを受け入れようと努力することが大切。

岩隈選手のエピソード

メジャーリーグに関わる人はみなOpen mindです。人種も違えば、言葉も違う。世界中からいろいろな人たちが集まる環境だけに、僕も最初は不安でいっぱいだったけど、みんな明るく接してくれるし、声を掛けてくれる。

メジャーリーグは、自分の夢をつかもうといろいろな国から才能ある選手が集まる競争の激しいところ。でもチームという集団になっても、しっかりと個性が活かされる。自分の実力を思う存分発揮できる環境が整っている。今思うと、メジャーリーグにはHEROの考え方がすべて備わっている。それがメジャーリーグの素晴らしいところだと感じました。

第３章

実録！
「BE A HERO」プロジェクト

CASE 1

静岡県浜松市立中郡小学校

学校の概要

浜松市立中郡小学校では、「学び合う子［知］」「認め合う子［徳］」「きたえ合う子［体］」を重点目標に掲げ、学校教育目標を「ともに輝き合う　～生き抜く力」と定めている。その中で、豊かな関わり合いと質の高い学びの中で、自分の良さを発揮し、将来輝くための自分を創る「未来につながる学びの場」としての学校を目指している。特に違いを認め合える豊かな人間性を育むため、道徳の授業の充実、子ども理解の生徒指導、発達支援教育の推進、ダイバーシティ（多様化）に対応できる考え方の涵養を教職員一体となって取り組んでいる。

「BE A HERO」プロジェクトに取り組んだ経緯

2017年11月中郡中学校で行われた「いじめ撲滅プロジェクト」に5、6年生が参加したことがきっかけとなり「BE A HERO」プロジェクトに取り組み始める。それまでの生徒指導は、問題のある子に特化して行われていたが、このことをきっかけに、良い行動をしている子にスポットを当てることにした。

INTERVIEW

6年生が手本となって学校全体にHEROが広がっていく

松島 浩二 校長（当時）

――中郡小学校では「BE A HERO」プロジェクトを取り組む上で何が大切だとお考えですか。

「BE A HERO」という合言葉を子どもたちの中に浸透させることでしょうか。HEROというのは正義の味方みたいで、聞こえはすごくいいのですが、その響きをあまりに美化してもだめだと思います。人助けをするだけがHEROではないのです。この取組を始めてから、子どもたちを見ていて、かっこいいことだけれども人助けなどではなく、「自分がやらなければいけないことをしっかりやる」ということが本当に身に付いたと感じます。そしてそれを子どもたち自身が、きちんと自覚しています。

人に言われるのではなく、自分たちできちんと自覚して自分たちが成し遂げたことで自信を持つことが何よりも大切です。「廊下を走らないで歩く」など、当たり前のことをしっかりやるということが大切だと子どもがわかったときに、「僕もHEROになれるんだ」と思えるようになったと感じました。

――2018年度の6年生は5年生のときから「BE A HERO」プロジェクトを実践していますが、低学年や中学年から始めることについてはどう思われますか。

1年やってみての実感で言いますと、一つの学年、例えば高学年がしっかりHEROとして行動ができるようになり、自分たちがHEROになったという実感を持たせることができると、下の学年にもHEROについて伝えることができると感じました。先日、6年生が4年生に「BE A H

ERO」プロジェクトの内容を伝えたのですが、もう4年生はその気になっています。各学級のスローガンがHEROになろうみたいなクラスもあるくらいです。

HEROという言葉は、子どもたちにとって特別な意味があると思います。なんとなくかっこいい存在ということはわかりますよね。だからと言って、子どもたちはテレビで見るような戦隊もののようなとらえは一切していません。

「自分がやらなければいけないことをしっかりと実践する」というところにHEROというものを見出しているのです。

――「BE A HERO」プロジェクトの効果を実感するような出来事はありましたか。

先日行った「昼の集い」という集会では、はじめに子どもたちに「いじめや仲間外れはなぜ起きるのか」ということを話し合わせました。そのきっかけとなるよう、事前に6年生（この1年プロジェクトを実践していた学年）にだけアンケートをとりました。

そうしたら、いじめや仲間外れがなぜ起きるか、子どもがちゃんと理解している回答が得られました。そこには、「自分がHEROになればいじめはなくなる」と書いている子どももいました。HEROという言葉を安直に使っているわけではなくて、本気で「HEROになることでいじめや仲間外れはなくなるのだ」と考えていると感じました。そのための具体的な行動についても、「ひとりぼっちの子に声を掛ける」と考えることができているのです。

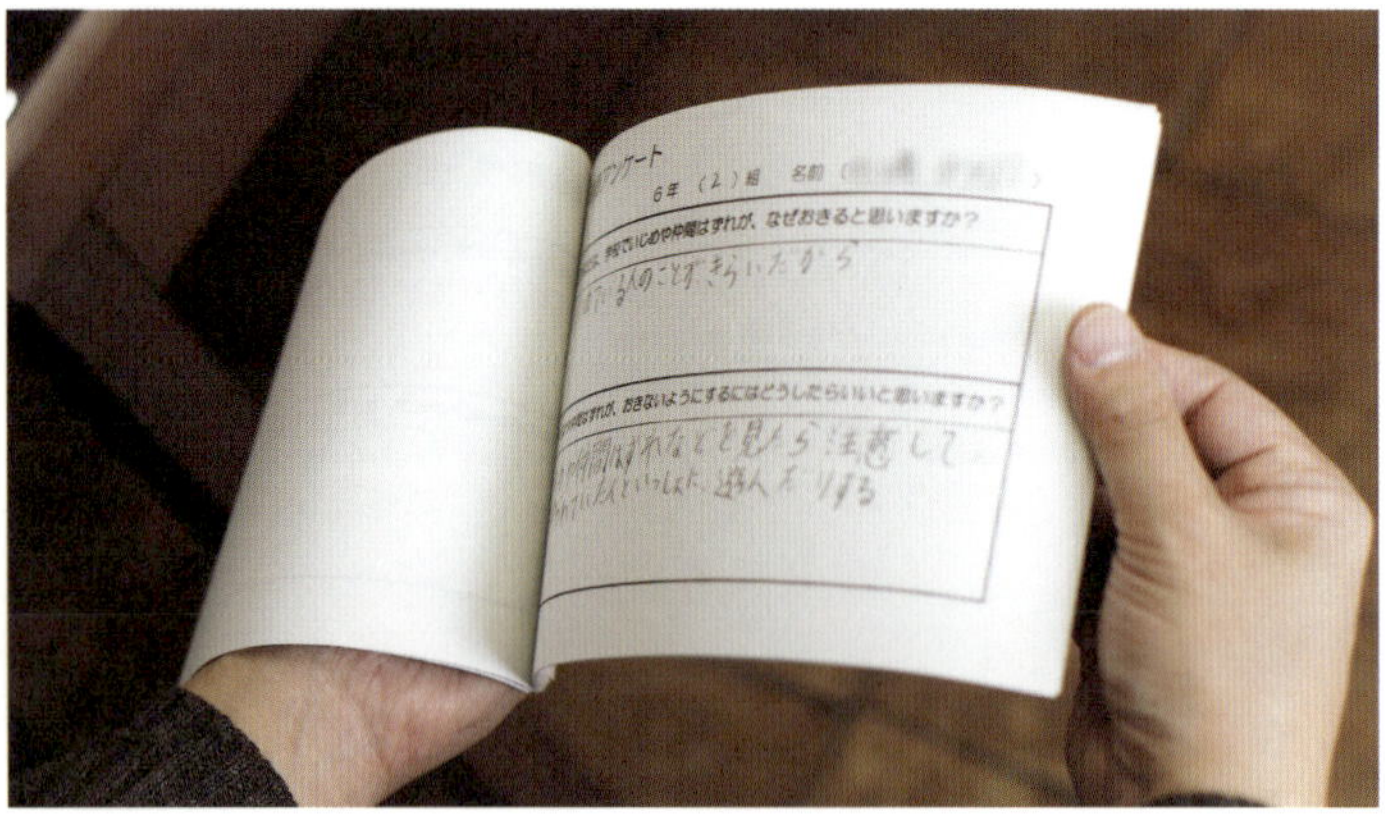

アンケートをもとにいじめについて語り合う

実はそんなに期待していなかった……

――「BE A HERO」プロジェクトに対して期待はありましたか。

実は、あまり期待はしていなかったのです。最初の取組として「行動宣言」を発表しました。子どもに、自分がこの1年間で心掛けることを書いてもらったのです。そして「行動に移さなければ仕方がない。じゃあ、まず何ができる？」というように広がったので、「一つぐらい行動が変わればいいかな」と思っていたのですが、実際には違いました。どんどん広がっていって、つながっていって、それに共感してくれる地域の方が来てくださって子どもたちに語り掛けてくれることもありました、そういう取組が全部、実を結んで、今の子どもたちの姿があると思います。

私は朝会の校長の説教や説話は大嫌いで、子どもたちが同じテーマで話し合う場

として、3年間ずっと集会を子どもの話し合いの場にしてきました。その日ごとにテーマを決めて、その場で話し合わせます。そういうとき、1年生もしっかりと話すことができるのです。

　そして先日、「いじめや仲間外れ」をテーマに話し合いをさせてみました。私もその中に入って、聞き耳を立てていたのですが、1年生がすごくいいことを言っているのです。6年生と同じような考えを持っていて、「こういうことだからいじめや仲間外れは起きるんだよ」と言っている。自分の経験から理解しているようでした。

　その後、6年生のアンケートを紹介し、「みんなが言ったことと同じだねと」と正しい考えを共有していきました。さらに、「じゃあここからが大事だよ。どうやったらなくしていけるかな？」と言って、また1年生が話し合います。ここまでもっていくことができたのは、この「BE A HERO」プロジェクトが6年生から発信されて、下の学年の子どもたちにもその意識が高まったからだと思っています。

6年生が手本を見せている

――1年生からいじめのような難しいことについてきちんと言葉で伝えられるのはなぜだと思いますか。

　やはり、これも6年生というお手本があるからだと思います。6年生が発信していることが1年生にも伝わり、難しい言葉でもなんとなく理解し、自分の言葉で表現することができるようになっていると思います。

――まさに「いじめをなくす」ということを議題にアクティブ・ラーニングをしていますね。

　そうですね。例えば道徳科の授業などでは、その子の考えがどんなものでも間違いではないというようなもので議論しますから、自分の考えはこうだと曲げない子がいても、教師はそれを矯正するようなことはしません。

　そして、価値葛藤をするのが道徳科の授業です。いろいろな価値をみんなで議論する中には自分とは全く違う考え方の子もいます。しかし、「そういう考えの子もいるのだ」ととらえたとしても、社会では受け入れられないものが存在するのです。それをどこかで教師がきちんと示してあげないといけません。

　それをまず、上の学年の子に教師が教えるのです。かっこいいということは正しいこと、正しい価値をきちんと身に付けたことを行動で示すのが6年生でなければ、下の学年の子だってどうしたらいいかわからないですよね。

――たしかに、1年生にとって6年生はあこがれの対象ですよね。

　見ていると、やはり高学年がかっこよく映るのです。6年生はあこがれで、低学年の子も「いつか僕もああいうふうになりたい」と思うのです。5年生になると「来年は僕らが6年生のようにHEROになるのだ」と、もうその気になっています。

保護者も変化を実感している

——保護者の反応はどうですか。

保護者の方の反応もとても良いです。保護者の方々は、その日の学校や学級の様子などを子どもから聞いてよくわかっています。

「BE A HERO」プロジェクトを始める前は、「子どもの中でいろいろトラブルがあるみたいで心配」という声が校長の私の耳にも入ってきました。ところが、最近はもう全くありません。

——子ども同士のトラブルが減ったということでしょうか。

もちろんです。以前はトラブルが続いていたクラスがあり、休みがちだった子がいたのですが、今はとてもクラスが楽しいと言って、本当に休まなくなりました。トラブルの減少というのは如実に表れています。

以前はトラブルがあまりにも頻繁に起こっていたので、何とかしなければという思いが先走ってその対応に追われていたのですが、「BE A HERO」プロジェクトに取り組むことで、まさかここまで効果があるとは私も思わなかったです。ですから、保護者の方も信頼してくれています。

——先生たちはどんなことをしていますか。

それぞれの学級が「BE A HERO」という合言葉をどう使うかは学級担任に任せているので、うまく活用していこうというクラスはそれを合言葉にしています。例えば、学級のスローガンとして「みんなHEROになろう」ということを掲げ、子どもたちの顔が教室内に掲示されているようなクラスもあります。

「傍観者」が動くきっかけになる

——「BE A HERO」プロジェクトは全国の先生たちにとって、いじめを防ぐ一つのツールになると思われますか。

それは十分なり得ます。例えば、「今学期の学級HERO」ということで先生たちに学級ごとに様々なHEROを書いてもらいます。そこではお手伝いができたとか、係活動を頑張ったとか、いろいろなHEROの要素を学級担任が自分で決めて、その子を終業式のときに紹介するのです。そういうとき、子どもたちはとてもうれしそうにしています。

それに、トラブルの「傍観者」になってしまう子のフォローにも有効だと思います。「傍観者」になってしまうような子はトラブルが起こったときに手出しができなかったり、何とかしたいと思っていてもできなかったりしていたのですが、この「BE A HERO」プロジェクトに取り組み始めてから、トラブルの対処法がわかったと言っていました。そして、自分たちが学んだその対処法を下の学年の子たちにも伝えたいということをきちんと言えるようになりました。今まで、「何もできない自分」に、すごくジレンマがあったのでしょう。

「BE A HERO」プロジェクトが、その子に「クラスのリーダーでなくても学級を変えていける」と思えるきっかけを与えたのだと思っています。

――継続的にこのプロジェクトを取り組むためには、今後、何が大切だと思われますか。

やはり教師のとらえですよね。プロジェクトに取り組むことで忙しくなったとか、「なんでそんなものをやらなければいけないんだ」と思ってしまうと、取り組み始めても子どもたちに伝わっていきません。

よくある講話などを行っても継続しないのです。例えばIT機器を使う上での弊害などの話をしてもらうために、有名な先生を呼んできて話をしてもらったとしても、「どう。みんな、わかりましたか」で終わりなのです。それで子どもたちが本当に「わかる」はずありません。「BE A HERO」プロジェクトのように、「考えて、行動する」を繰り返していく取組こそ、本当の意味で子どもたちが「わかる」そして身に付く学びができるものだと感じています。

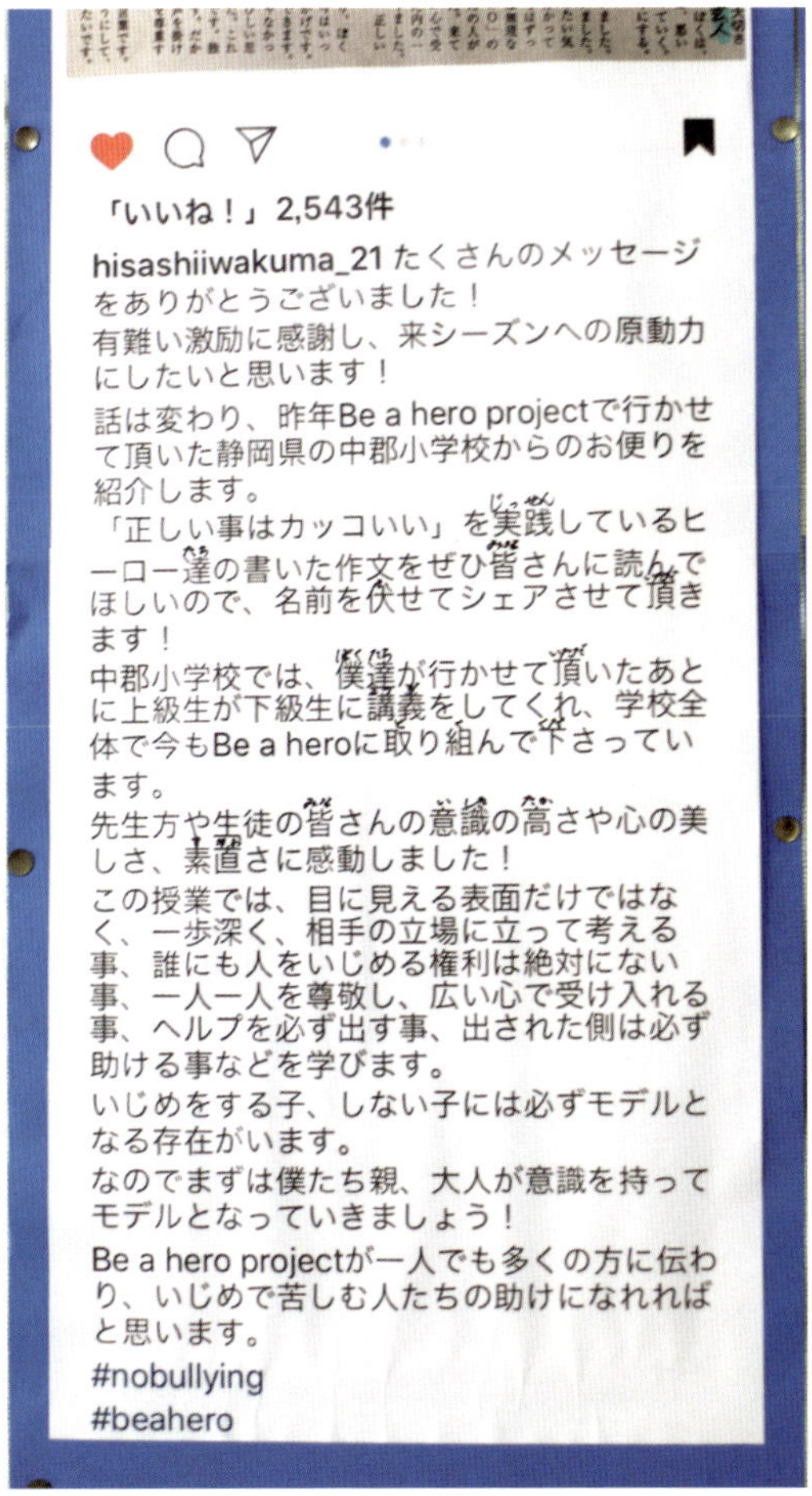

岩隈選手からのメッセージを掲示物として活用

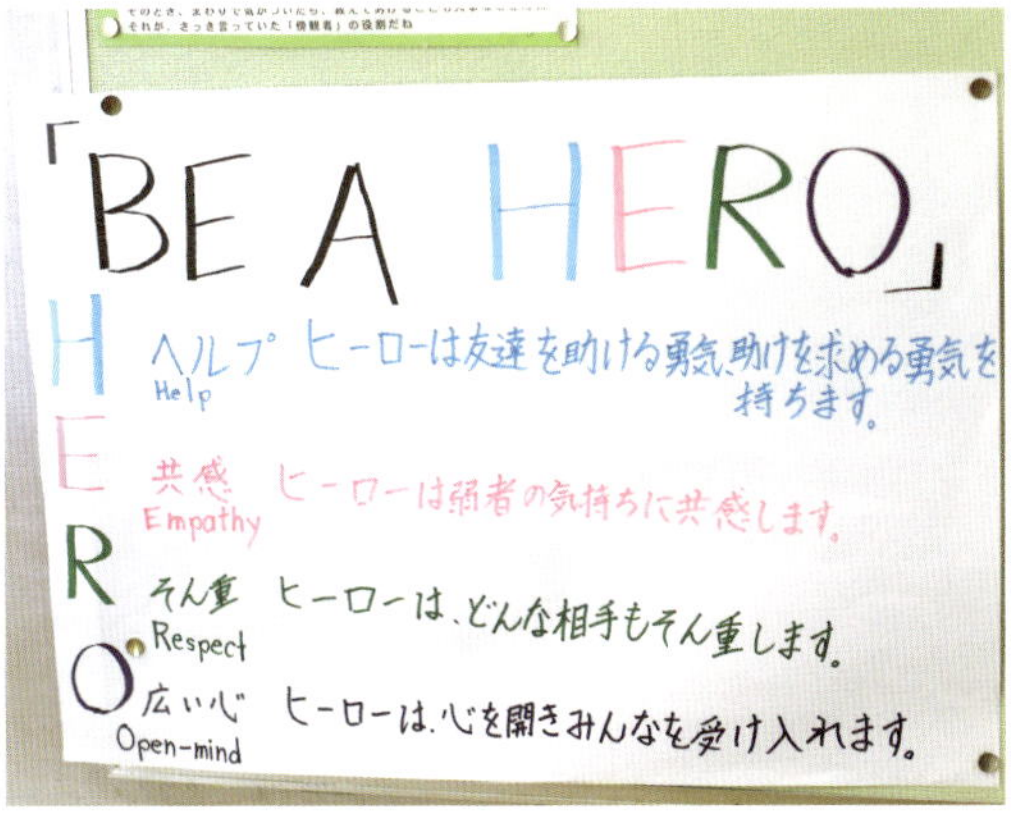

HEROの意味を掲示

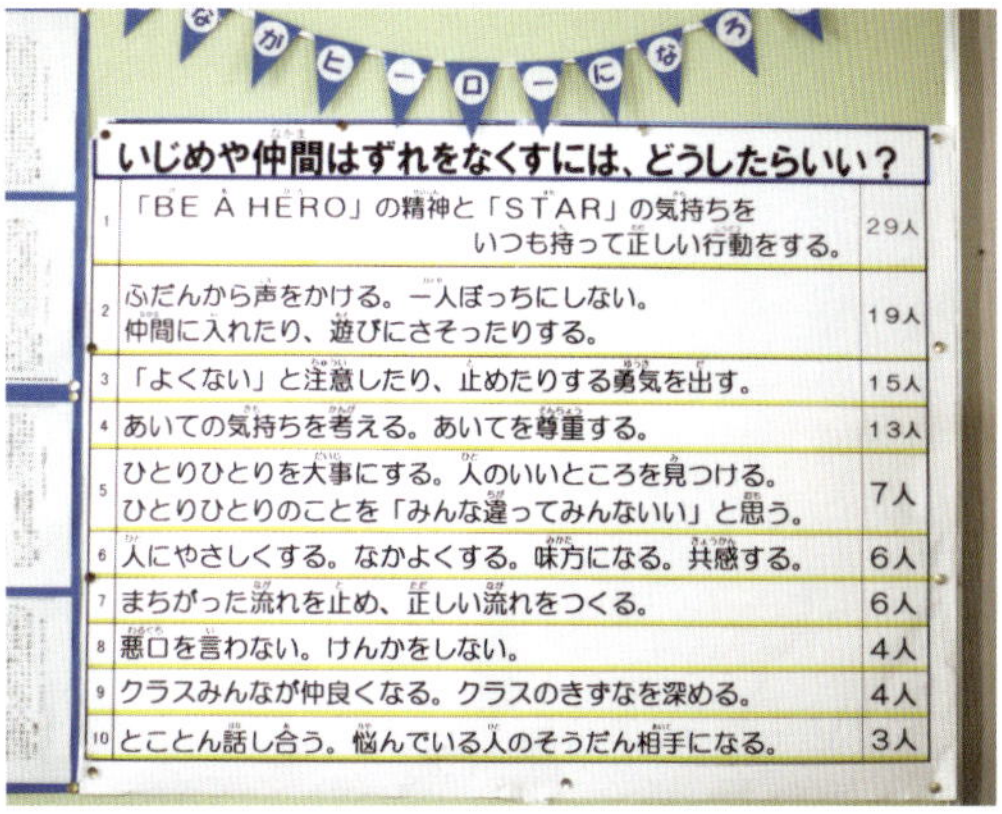

いじめのアンケート結果

DISCUSSION

一つの学年から学校全体が変わっていった

教員座談会

——2017年11月に中郡中学校で、その当時の5・6年生が「BE A HERO」プロジェクトの講義を受けて、その前後で変わったなという実感はありましたか。

中西　講義が終わってクラスや学年、学校をより良くしていこうと、子どもたち全員の意識が一つの方向に向いたなと強く実感しました。

澤木　「正しいことの基準」がはっきりしましたね。私たち教員はどうしても、いろいろな人がいろいろな言葉を使って子どもに伝えてしまいます。大人はあの言葉とこの言葉は同じことを言っているとわかっていても、子どもの中ではうまく理解できないときがあります。A先生の言っていることとB先生が言っていることは同じなのかと悩むことがあるのです。そのようなときに「正しいことはかっこいい」という「BE A HERO」の根本に立ち返り、それがぶれなければ、そこに立ち返ることで子どもにも伝わりやすくなりました。また、教員も最終目標としてそこへ向かっていく指導ができるようになったと思います。

佐々木　私は一昨年から中郡小学校に勤務していますので、今の6年生が4年生のときの様子を少し見ています。トラブルが起こっている場面に遭遇したこともなく、すごく元気があって活発な子たちだなという印象はすごくありました。それが5年生になって、「BE A HERO」プロジェクトに取り組んでいく中で、考え方が変わったからなのかはわかりませんが、言葉づかいなどがより丁寧になったなと感じたところです。

この活動は本当にわかりやすく、特に頑

張っている子が報われる活動だと思います。

「BE A HERO」プロジェクトとの出会い

川合　私は、子どもたちが、周りの空気に流されないようになったと思います。きちんと自分の思いをもてるようになったと感じるのです。これまでは誰かが言っていることに「そうだね」と賛同しておけば自分は仲間外れにされない、そういう安心感をもっている子が多かったと思うのですが、「BE A HERO」プロジェクトに取り組むことによって、そこから抜け出せる一歩になったのではないかなと思います。

澤木　「BE A HERO」プロジェクトに取り組み始めてから、子どもたちには、何かトラブルが起きたとき、「隣の子も同じことを思っている」ということを繰り返し伝えてきました。例えば授業中にふざけている子がいて、自分は「やめようよ」と声を掛ける気持ちがあるけれども、なかなかできない。でも隣にいる子も同じことを思っているとしたら、勇気を出して言うことができるかもしれないのです。

私の長い教員生活の中で、学年が一丸となって取り組む上でこんなにわかりやすい指導は今までありませんでした。やはり子どもたちは正しい行動をするほうが心地良いのだなということを改めて感じました。

中西　私も「基準がはっきりした」という点が大きいと感じています。もともと、正義感が強い子もたくさんいたのですが、それを強く言えないと言いますか、あまり表に出さずに生活していた印象がありました。でも「BE A HERO」プロジェクトにより、「正しいことはかっこいい」と知り、かつ、その子たちが思ったことを言えるようになってきました。それが本当に大きな変化です。さらに、自分もその子に対して正しいと後押しができます。

今までは、「自分が言っても伝わらない」「受け入れてもらえない」と思ってしまう空気があったのですが、自分の考えを表出できない子の味方になる子が増えたと感じます。それが澤木が述べていた「隣の子も同じことを思っている」と伝えることの大切さだと思います。

今年は低学年の担任をしていますが、子どもたちは6年生の姿をよく見て生活していると思います。「HERO」のそれぞれの単語も全部言えます。「H＝Help」「E＝Empathy」と。単語の意味は理解していないと思うのですがなんとなくは理解していて、子どもの中に浸透してきています。それが高学年になるにつれて意味もだんだんわかってきて、実際に行動が伴っているのです。さらに、「みんなでよりよく生活していこう」という空気がじわじわと6年生から低学年に下りてきている感じがします。

子どもたちなりのHERO像

佐々木　ちょっと話がずれてしまうかもしれませんが、6年生を担任したばかりのときに、HEROだから戦隊シリーズみたいな絵を印刷して教室の後ろに掲示しておきました。そうしたら子どもたちから、「BE A HEROのHEROはそういう意味ではない」と言われました。そのように子どもたちに言われて、ではどういうものを掲示するのだろうと見ていると、一番わかりやすいところで「正しいことはかっこい

澤木 佳世 先生

い」という言葉を掲示していました。

澤木　子どもたちなりに解釈した「HERO」がちゃんとあるんですよね。それを生活の中にどう取り入れていくかということを考えながら行動していると思います。「いじめをなくす」と目標を立てて、そのことだけやってもいじめ問題は解決しないと思います。子どもたちは生活の中で「正しいことはかっこいい」を実行していて、それが彼らの「HERO」であり、行動の結果としていじめがなくなることにつながるととらえているのではないでしょうか。

共通の基準があるということ

川合　私は、6年生を担当するのは今回で四回目なのですが、その都度いろいろな年間の目標を決めていました。

　そして本校へ来たときに「BE A HERO」プロジェクトをやっていると聞いて、最初、「なるほど。それが学年のテーマなのだな」と受け取っていたのですが、でもそれが学校全体にまで広がっているのを見て、これはめずらしい取組だなと感じました。普通、それぞれの学年に目標があるので、6年生がやっているからといって下の学年にまでそれが広がるということはなかなかないものです。

　あと、子どもに「いいね」を伝える際に、今までもいいことをやっていたら「いいね」と言っていましたが、「いいね」の基準が自分の中でも定まった感じがします。一括して「それはHEROなことだね」「それもHEROだからいいね」と言えるようになりました。そのように褒めていくので子どもたちにも伝わりやすいのかなと思います。

佐々木 亮 先生

　基準が同じですので、「ここがいいところだった」と学年で伝えやすいのです。クラスによる違いがそんなにない、学年として同じ色合いの雰囲気を醸し出せるところが素晴らしいと思います。

澤木　子どもたちは、クラス、学年を問わず交流するわけですから、自分のクラスだけに浸透したところで、一歩外へ出ていって他の子たちに流されて、元に戻ってしまっていたら意味がありません。ですので、やはり一クラスだけではなく学年でやる、学年だけではなく学校でやるというように広げる必要があるのです。

日常の中で「HERO」に

澤木　5年生のときから「BE A HERO」プロジェクトに取り組んでいる6年生は、持久走の取組なども手を抜かずに走ります。「自分の目標を設定して走りなさい」と言えば子どもたちは自分で目標を決め、誰かに合わせようとはしません。ただ、他の学年にまでは波及していないと感じます。

川合　だからこそ、6年生は他の学年にも「もっと伝えたい」と思っていますね。

澤木　下の学年の子が廊下を走っているのを見て、「しっかり『BE A HERO』を伝えていかないと、この先の中郡小学校の『BE A HEROの精神』は守られていかないかもしれない」と危機意識があるようです。

一方で、こうやって学校中から「6年生はHEROだ」と言われてしまうのは、私としてはものすごく苦しさを感じるようなところもあります。そして逆があると、「6年生はHEROのはずじゃないの」みたいに言われてしまったりするのです。今の6年生は自分たちを冷静に見ている面もあるので「自分たちもまだ完全なHEROではない」と言っていますし、私たちも常に問い掛けています。

行動に移せる強さを持つということ

佐々木　私は体育の授業でも、子どもたちの「HERO」を感じることがあります。まさについ先日、体育館で体つくり運動をやったときのことです。体つくり運動は単調な動きをすることが多いのですが、6年生の子どもたちはすごく一生懸命に取り組むのです。ですから、授業が終わった後、子どもたちに「体つくり運動をこんなに一生懸命やるクラスって本当にいいクラスですね」と伝えたぐらいです。本当に誰とでも一緒に肩を組んで運動に取り組むことができるすごい子たちだなと感じます。

川合 君菜 先生

川合　体育の話ということで、私のクラスはちょっと前に『仲よしグループ問題』が発生して、その話し合いをしました。仲良しの子たちとはうまくやるけれども、他の子がその輪に入れない空気を出すというのがその問題です。みんなで「それはどう考えてもHEROではない」という話をして、その問題の解決方法を考えていきました。

そして、その後のことです。体育の時間、8の字跳びの授業で、私はわざと何も言わないで縄を二本だけ置いておきました。子どもたちはどうするかなと思って様子を見ていたのです。そうしたら、最初はみんな一本でやっていたのですが、そのう

中西 優人 先生

ち「あ、もう一本あるぞ」となって、女の子が二人、回し始めました。女の子だけが動くかと思って見ていましたら、ちゃんと男の子も入って、男女が混合した二つのまとまりをつくることができていました。それに、先生も全部見ているわけではないから、ちょっとぐらいサボってもいいやというような子は一人もいません。

今、私のクラスでは、いろいろな子が「一番目になったほうがいい」と言います。何においても、まずは最初にやるという意識を全員が持つということです。発表も最初の一人目は難しいですが、「じゃあ自分がやる」というように行動するのです。体育の授業ではそういう主体性が一番よくわかるところだと思います。

頭ではわかっていても、行動に移すというのはやはり難しいものです。大人もそうですよね。歩きスマホをしてはいけないと、わかっているけれどもついしてしまうみたいなことってあると思うんです。

そういうところを、1年半かけて何回も何回も「BE A HEROの精神」を子どもたちに浸透させていったことによって、ようやく行動に移せる強さが出てきたのだと思います。

澤木　そんな行動をできるようになった子どもたちですが、本人たちはさっきも言いましたように「僕たちは決して完璧なHEROではない」と言います。私はその言葉が好きで、ずっとそういう思いでいてほしいと思っています。どんなに素晴らしい取組であっても、完全に問題が解決することはないんですよね。人と人が交わって、この年頃の子たちが集まって生活すれば、当然その中で何かしらの問題は起きます。でも、ベースに「BE A HEROの精神」があることが大切だと思います。

川合　それに、問題を起こしたから悪者、HEROとして行動できなかったから悪者ということではなくて、「人間だから、そういうことだってある」というように、ちょっと緩やかな部分もあったほうがいいと思うんです。

すべての子どもが楽しいと思えるように

澤木　子どもたちは何をするにも一生懸命です。必死に生きています。私はもちろん、いじめで苦しんでいる人が、一人でも救われればいいと思います。子どもたちにとって、学校は楽しいところであってほしいと思います。どの子にとっても楽しいというのはすごく難しいですが、「BE A HERO」プロジェクトに取り組むことで、どの子にとっても楽しい学校に近づくと思っています。

学校という組織では、誰かは楽しいけれども誰かは楽しくないということが起きて

保護者からの感想

「BE A HERO」プロジェクトの発表について

子どもたちの発表について、御感想や今後に期待すること等をお寄せください。

小学校生活も残りわずか…中学校へ行って大瀬小学校の子どもたちと合流しいろいろなことが、今までに無かったことが起き、きっと困難にぶち当たる。そんなとき、「BE A HERO」の精神が一人一人に宿っていたら、たった一人で戦わず、みんなが一人を思い一人がみんなを思うことができたら、社会に出る準備をするのに、きっと役に立つし、役に立ててほしいです。中郡小学校という穏やかな暖かい環境から、飛び出していく勇気を応援していきたいと思います。

「BE A HERO」プロジェクトの発表について

子どもたちの発表について、御感想や今後に期待すること等をお寄せください。

２年間「BE A HERO」プロジェクトについていろいろと実施していただき、ありがとうございました。学校で勉強だけではなく、人間としてどう生きていくべきかも学校で学べていることがよくわかるプロジェクトでした。本人の心の中にも根付いたようで、「一度いじめから助けたよ」と言っていました。この精神が周囲が変わってもずっと育っていってくれたらなぁと思います。
今後への期待ですが、どの学年にも、どうしても心に闇を持ってしまったまま育っている子がいると思うので、全学年で実施をしていただけたらと思っています。

子どもたちの作文

「BE A HERO」

「BE A HERO」プロジェクトに出合えたから、私たちは変わることができた。「BE A HERO」に出合う前の私たちは、ちょっとしたことで問題が起こり、正しい流れができていなかった。悪い流れを止めようとする人もいなかった。こんな状態の私たちを変えてくれたのが、「BE A HERO」プロジェクトだ。

「BE A HERO」を知り、私たちの行動が変わった。いじめをなくすだけでなく、ふだんのちょっとした行動も「HERO」を意識するようになった。そして、下級生にも「BE A HERO」のことを伝えた。

六年生になり、私自身も一歩ふみ出すことができた。昼のつどい実行委員になり、全校児童の前で「BE A HEROの精神」をもう一度伝えた。実行委員になるかとても迷った。私は変わりたいと思った。だから勇気を出して立候補した。昼のつどいが終わった後の私は、立候補してよかったと心から思えていた。

現在、「BE A HERO」は学校全体に広まり、「正しいことは、かっこいい」ということを、みんなやっている。今までとは全然ちがう。学校が正しい流れになり、私はとてもうれしい。このまま、私たちが卒業しても正しい流れでいてほしい。

「BE A HERO」プロジェクトに出合えて、よかった。行動を変えることができてよかった。この学年でよかった。私は、こう思っている。これからも「正しいことは、かっこいい」を意識して、正しいことをしていきたい。

「HERO」はなぜ大切なのか

私は、いじめをなくすために、五年生のときから「BE A HERO」について学んできた。

「BE A HERO」は、「ヒーローになろう」という意味で、「HERO」は私たちの合言葉だ。

この「BE A HERO」を知らなかったときに、私は「いじめ」というもののこわさを知らなかった。それに、いじめを止める勇気をもたなければいけないということを考えようとも知ろうともしなかった。その結果、事件が起きてしまった。一人の子をとても悲しい思いにさせてしまったということだった。そのことがあって、私は「次は絶対にこういうことを止める」「次は絶対になくす」と決心した。

決心したものの、どうすればいいのかとなやんでいるときに、「BE A HERO」と出合った。

私たちは、いじめをなくすために、「BE A HERO」プロジェクトを広めようと努力している。まず最初は参観会だった。それぞれのグループに分かれて、保護者のみなさんと、同じ学年の人に、紙しばいや劇などの方法で、「HERO」のことをしょうかいした。二回目の行動は、ちがう学年の人にうったえた。質問の時間も設け、じっくりとわかるまで説明したので、みんながHEROに対する理解を深めていることがわかった。三回目は、六年生になってから、全校の前でやった。私はすすんで実行委員になり、下級生にも伝わるように一生けんめいやった。そのおかげで学校全体が合言葉を覚えてくれた。

これからも、「BE A HERO」を通して学んだことを生活に生かしていきたい。そして、本物のHEROを目指してがんばりたい。

しまいがちです。この構造がいじめにつながり、やっているほうは楽しいけれどもやられているほうは苦痛を味わってしまいます。やっているほうは悪気がなかったということが集団で生活するがゆえに起こってしまうことがあるのです。

そういう怖さについても子どもたちには知ってほしいと思います。そして、私たち教員は子どもたちに、集団で生活するのは楽しいばかりではない、怖さもあるよということをしっかり教えていかなければいけません。その上で、怖さもあるけどこういうやり方をすれば楽しくなるよということも伝えていかないといけないと思います。

その方法として「BE A HERO」プロジェクトがあります。このプロジェクトに出合えた私たち、子どもたちは本当に幸せです。「BE A HEROの精神」という言葉は、子どもたちから生まれたものです。この「BE A HEROの精神」をベースに、「正しいことはかっこいい」を常に心に携えてこれからも生きていってほしいと思っています。そうすることによって、その先に本当の楽しさが待っていることをこの1年半、たくさん経験した子どもたちです。

どの子も「学校って楽しい」と思えるといいなと思っています。

中西　「BE A HERO」という基準が子どもの中にあることで、子ども自身が自分の行動を振り返り、「あれはだめだったな」と納得することができます。

今までは教師が伝えても子どもが本当の意味でわかっていなかった部分がありました。今では、そういった部分を伝えることができるようになりました。もっと多くの先生に子どもと向き合う際にどう動いていいか悩んだとき、指導のきっかけとして、こういう方法もあると知ってもらいたいですよね。これを知ることで、すべての子どもそして、すべての先生が楽しい学校生活を送ることができればいいなと思います。

本時のねらい
「BE A HEROの精神」を5年生に伝えよう！

各グループ発表後の話し合い

T2 みなさんの生活の中では当然、毎日いろいろなことが起こりますよね。間違ったことも当然起きると思います。そこで何か起きたとき、友達を注意したら後で何かされるんじゃないかなとか思うことはありましたか。

児童1 私は、同じ考えをしている三、四人で一緒に注意しにいったことがあります。周りに自分と考えが一緒の人がいたから、もし注意した相手に責められても「自分たちは正しい」と思うことができると考えて注意しました。

T1 自分と同じ考えの人に声を掛けるのもドキドキしますよね。「注意しにいかない？」とか「どう思う？」とか。

児童1 それは、あります。

T1 それもできるようになりましたか？

児童1 はい。注意するまでは何か言われたりしないかなと思いますが、注意して何か言われたとしてもみんなが「正しいことはかっこいい」というのを知っているので、絶対に仲間がいるはずだというのを信じています。自分が正しいことをやっているというのは確信しているので、自分の意志をちゃんと貫いていこうと思って行動できました。

T2 今度は注意されたことがある子に聞いてみたいのだけれども、注意されることにはやっぱりちょっと抵抗もありますよね。だけどあらためて自分のことを振り返ったときに、そのとき実際どのように感じたか教えてくれますか。

児童2 そのムカつくというのもありますけど、「正しいことはかっこいい」ので、

授業の概要

■**指導者**　T1：新保 友映　T2：木村 匡宏　T3：澤木 佳世
■**対象児童**：第6学年
■**本時の内容**
以前、5年生に伝達した「BE A HEROの精神」をさらに浸透させるために、劇や紙芝居、プレゼン、クイズなど各グループが考えた内容を発表する。

STEP 1
各グループが考えた「BE A HEROの精神」を広める取組を発表する。

➜

STEP 2
各グループが発表した取組に対して、意見を交流する。指導者は、子どもたちの意見を価値付ける言葉掛けをする。

しっかりと自分の今の状態を考えて行動しました。

T2　すごいですね。学校を卒業して中学校へ上がっていく中で、自分は「正しいことはかっこいい」とわかっている。わかっているけれどもいろいろなことが起こる世の中だから、自分がそうやって注意を受けたときにそれを受け入れられるということは大人になっても役に立つスキルで、それをみんなが今のうちに経験できるということは自分の道を外さないためにもすごく大事なことだと思います。

T1　いじめをしてはいけない、なくしたいねというそこからのスタートだけれども、それをみんなが生活の中でも意識して行動してくれていることは本当に素晴らしいですね。

誰か「BE A HERO」を学んでよかった、楽しかったという発表ができる人いますか。

児童3　僕たちは今年、「BE A HEROの精神」を大切にして修学旅行に行ったのですが、そのときに「正しいことはかっこいい」を実践して、より楽しい修学旅行にすることができたと思うので、「BE A HERO」をやっていてよかったなと思います。

児童4　私たちが学校全体に「BE A HERO」がどんなことか発表して、聞いてくれた子たちが「BE A HERO」を実行してくれたことが楽しかったです。

T2　全国にはみんなと同じ6年生がいっぱいいるのですが、まだみんなが学んできたことを知らない友達もいます。そういう友達にこういうふうに伝えてくださいという、伝える側へのアドバイスはありませんか。こういうふうにやったらすごくいいと思いますとか、「BE A HERO」を実践してきたみんなだからこそ、僕らは教えてもらいたいと思うのです。

児童5　最初に「H・E・R・O」のそれぞれの意味を説明すると思うのですが、そのときに急にHEROになってと言われても難しく考えてしまうと思うので、「HEROは正しい行動をすれば誰でもなれる」ということを最初に伝えたほうがいいと思います。そうすれば、HEROというのは全員なれるのだと感じると思います。

児童6　「誰でも正しいことをすればHEROになれて、良くないところを注意してあげるだけでもHEROになれるよ」「すごく簡単なことでも大丈夫だから」ということを伝えてあげるとわかりやすいと思います。

T2　実際そうですよね。HEROと聞くと、ハードルが上がってしまいがちですが、普通の当たり前のことが大事だよと伝えたいと思います。

T3　この前、国語で「忘れられない言葉」というテーマで授業を行ったら、A君がある言葉を書きましたよね。何と書きましたか。どうぞ。

児童A　「みんなそれぞれに、世界を変える力がある」という言葉です。

T3　岩隈さんの言葉ですね。それがもう忘れられない言葉だと。そう信じている。みんな自分の力を信じてこれまで活動をしてきましたね。これから自分はどう行動していこうとか、考えていることがある人はいますか。

児童7　私は、中学校へ行って他の小学校から来た子と生活しても、間違った行動をしている子には声を掛けて、いつでも正しいことを、勇気を持って行動していきたいです。どんなことがあっても「正しいことはかっこいい」を思い出して、これからどんなところでも正しいことをしていきたいと思います。

T3　それでは、最後にゲストティーチャーの二人の先生から言葉をいただきます。

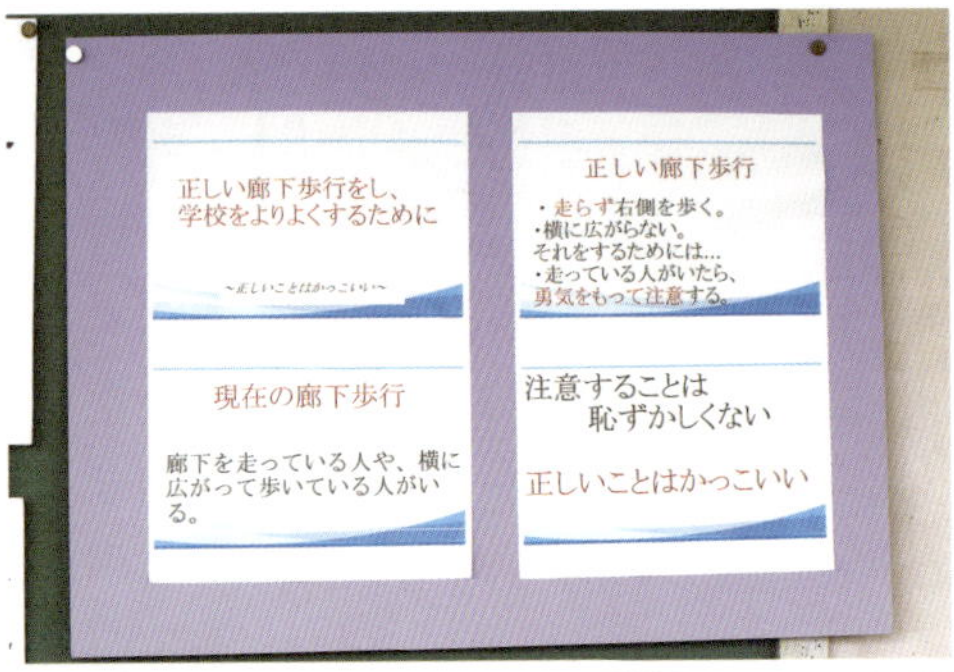

T1　本当にもう「すごい」の一言です。逐一、澤木先生からの報告を聞いていました。みなさんがこういう発表をしたとか、様々な活動を東京にいながらもよく聞いていました。でもこうやって実際に会ってみなさんの目の輝きを見たことで、すごいパワーをもらいました。ありがとうございます。それと同時に私たちもこれからもっともっと頑張っていかなければいけないなと思っています。

　前に話したでしょうか。私は小学校のころにいじめられていました。すごく大変ないじめではなかったと思うのですが、やっぱりそのときに感じた「いやだったな」という気持ちは、そのときは大丈夫でも大人になってからも何か引っかかるものがあるものです。だから、そういう気持ちをする人が一人でも少なくなるといいなと思っています。

T2　「BE A HERO」プロジェクトのときは特にそうですが、体育館の中に入って初めて大勢の人たちと出会うと、すごく緊張します。だけど、まずほんのちょっと肩の力を抜きます。そしてリラックスしたら今度は前を向きます。
最後は、一人一人の表情を見ます。そうすると「ちゃんとお話ししなきゃ」というスイッチが入ります。そしてこういった一連の、人との関わり方のスキルを身に付けることは、HEROメソッドの一つだと思っています。みなさんが将来社会に出ていったときに、それらは必ず役に立つと、僕は信じています。

「昼の集い」での発表

中郡小学校6年生の2018年度の主な取組

4月27日
1年生を迎える会
全校児童が体育館に集まり、6年生と手をつないだ1年生の入場。「なかよし戦隊　BE A　HERO（ビー・ア・ヒーロー）」の児童劇を行い、困っている子を助けて「正しいことはかっこいい！」とみんなに楽しく伝えた。

6月4日
「昼の集い」
校長先生講話の代わりに、「いじめをなくし、『正しいことはかっこいい』中郡小学校を、みんなでつくっていこう！」という提案を行った。

7月11日
特別レッスン
和久田学先生による「非認知スキル」の講演。幸せになるために重要な力、仕事で成功するために重要な力について考える。また、これまでの取組の成果を「BE A HERO」プロジェクトメンバーに発表する。

11月5日
「昼の集い」
「修学旅行を通して学んだこと」についての発表。修学旅行の目的は、全体やグループ活動を通して、『BE A HERO』の精神を大切にし、集団生活や社会のマナーを身に付け、これからの生活に生かすこととしていた。この目的を達成するため、みんなでルールを守って、買い物をしたり遊んだりした。「正しいことをするから楽しめる！」ということを学び、発表に込められたメッセージを下級生に伝えていった。

1月10日
BE A HERO を次年度へ
「BE A HERO」プロジェクトを次の世代へ引き継いでいくために話合いを行った。6年生が考えていること、ここまで取り組んできたことをどうしたら伝えられるかを話し合い、まとめた。

2月1日
5年生への引継ぎ
劇や紙芝居、プレゼン、クイズ、ポスターなど、各グループが思いの伝えやすい方法を選んで5年生に伝達した。中郡小学校に「BE A HEROの精神」がさらに浸透するよう、思いの込もった発表となった。それと同時に、自分たちも引き続き「BE A HEROの精神」を持ち続けることを決意した。

CASE
②

生徒数は全国２番目！（2018年度）

宮城県仙台市立広瀬中学校

学校の概要

仙台市立広瀬中学校は約1170人（2018年11月現在）という、東北で１番、全国でも２番目の生徒数を誇る中学校。しかし、生徒数が多い理由から、2019年度には新しい中学を分離開校するため、離れ離れになってしまう生徒もいる。学校の運営方針に「明日も来たいと思う学校づくり」を掲げており、先生も生徒も活気があふれている。

「BE A HERO」プロジェクトに取り組んだ経緯

分離開校に伴い、生徒が別れてしまう前に、今の1170人のみんなでできる思い出を増やしたいという思いがあり、11月にプログラムを実施した。その２か月前の９月には、生徒の人数過多によって取りやめていた文化祭を、16年ぶりに生徒会主導で実行し、成功を収めた。そんな中、「BE A HERO」プロジェクトの話があり、思い出づくりも後押しし、先生方も満場一致で開催を決定。PTAの協力もあり、開催にいたった。

INTERVIEW 全校生徒で前向きに考える「BE A HERO」

數本 芳行 校長（当時）

対処療法と「BE A HERO」の違い

——「BE A HERO」を実施してみて、校長先生から見て、実感として何か変わった点はありましたか？

「いじめ」や「いじめ防止」の話って、いじめが起こってから当事者を指導したり、いじめられた側の心情を汲み取ったりして、対処療法的な対応がほとんどです。でも、このプログラムは、前向きに明るく、「いじめをなくすために、こうしていこう！」という、当事者だけではなく、それ以外の人たちもどうやって変わっていけるかという内容です。当事者だけではなく、それ以外の生徒たちも主体的に参加できる。私はそこがとても大事だと思っていますし、このプログラムの良さだと思いました。

生徒の感想を全員分読みましたが、みんなそれを感じていたようです。全校生徒が一緒に同じ場所で同じ時間を共有できたこともすごく大きかったですね。いろいろな人の考えを知ることができたということで意識の高まりが感じられました。

生徒たちの「Help」

「HERO」のH＝Helpに関わる出来事がありました。昨日、道で具合が悪くなってしまった小学生がいて、たまたま通りかかった本校の3年生の女の子たちが介抱をし、小学校に先生方を呼びに行き、対応してくれたのです。今朝、その保護者の方がお礼に来てくれまして、その保護者の方に言われたのが、「一歩踏み出すことはとても勇気のいることだ」ということです。

「いじめをやめよう」と伝えることはもちろん大切ですが、それ以外のこと、例えば具合が悪い子がいても、介抱しないでそのまま見ないふりをすることも考えてしまうのに、生徒たちは迷わず行動に移せるようになったと強く実感しました。いじめに関するヘルプではなくても、誰かのために一歩踏み出せるような体験を積み重ねることが大切ですね。

また、プロジェクト後の12月にもこんな話がありました。不登校で相談室に来ている男子の話なんですけど、おばあちゃんがマンホールのところで転んでしまい、血を流していたところを助けたというのです。普段そういった行動をしそうにもない生徒が行動を起こしたことに我々もとてもびっくりしました。

取組を続ける中で、少しずつ「HERO」の中に込められている意味や言葉、その中のヘルプが、形になっているとすごく感じました。

学校のよさを生かして

――それはすごいですね。広瀬中学校に何度か訪問させていただいていて、生徒の皆さんが元気に挨拶してくださるのが印象的です。

挨拶も大切ですよね。仲の良い友達や特定の先生だけではなくて、誰にでも明るく対応できるのは「HERO」のO＝Open-mindにも通じると思います。本校では「明日も来たいと思う学校づくり」を、学校運営方針の一つに掲げています。自分の居場所がある、明日も来たいと思える場所があるというのが大事だと思うのです。嫌がらせやいじめが全くないわけじゃないです。でも、元々、健全に頑張っている子どもたちって「HERO」のO＝Open-mindを体現する素質が元々あるのかなと思います。そこにあとは一個一個、H＝HelpやE＝Empathyの気持ちが育っていけばいいかなと思っています。

――私たちが伝えたかったことが、伝わっていてうれしいですし、驚いています。

いじめをテーマに扱うと、講義や授業の中だと重い雰囲気になってしまいがちです。でも生徒たちの感想にもありましたが、「BE A HERO」プロジェクトは、導入の段階から主体的になれます。いじめの講義を明るくできたのがよかったと思います。楽しみながら学べたようです。

オープンマインドとリスペクト

――広瀬中学校の雰囲気のおおもとは、校長先生の雰囲気づくりが大きいと感じているのですが。校長先生自身がオープンマインドを体現されている気がします。これは普段から大事にされていることなんですか？

そうですね。きっちり授業をしたり、生徒指導をしたりすることも大事ですけど、楽しくやれないとダメですよね。また、普段から教職員にR＝Respectの重要性は伝えています。「教職員一人一人が自分と仲間を大切にする同僚性、誇りを持とう」といったことですね。こういう学校にしたいという、学校教育目標というものがあるんですけど、チーム広瀬の方向性も明確にし、そこでも相手を尊重することを伝えています。こういうことをやろうと誰かが言えば、みんなで同じベクトルで進めるよう互いに意識してると思います。学校の課題も他人事ではなく、自分事としてとらえる。「できない、わからない、無理からは何も生まれない」とも話しています。

「BE A HERO」のプログラムを受けるときも、誰も否定はしませんでした。もちろん、全校生徒に対してできるのかという不安があった人もいたとは思いますけど、やったらできましたしね。

全校生徒で行う意義

——PTAの協力など、実施までの経緯はいろいろあったと思うのですが、「BE A HERO」プロジェクトをやろうと思った一番のきっかけって何ですか？

やっぱり1100人でやることの意味ですね。時間の共有や思いの共有はとても大切だと思っています。クラスごとに道徳の授業でやってもいいんですけど、それでは35人の共有でしかないのです。

本校はあまりに生徒数が多くて、文化祭などの学校行事を行えていませんでした。でも、生徒たちのほうから「みんなでやれるものがほしい」という話が出て、生徒会が自ら「広瀬中学校文化祭16年ぶりの復活」を公約に掲げたのです。学校が分離する前に何とかやりたいと強い気持ちがありました。僕も最初はできるか半信半疑だったんですけど、生徒会がやるなら後押ししようと、先生たちも有志で集まっていきました。9月に開催したんですけど、面白かったですね。それもあって、みんなでやることの大切さをすごく感じていました。特に今年は最後なので。一つ一つをみんなでやる。その一環として「BE A HERO」プロジェクトにも参加させてもらいました。

——ありがとうございます。

あと、1100人が行動宣言を書くわけじゃないですか。それをみんなが行動に起こしたら、学校の雰囲気はよくなりますよね。1100個ですから。生徒の感想にも、「幸せになれる空気」「誰もが助けを求められる環境をつくる」など、いいことをたくさん書いてくれていましたよ。

全校生徒のアンケートを教員間で共有している

次の世代へ伝える

今は、これをどうやって後輩や新入生、次の世代に広げていけるかを考えています。今度「新入生向けの学校説明会」があります。保護者には教員が説明をするのですが、新入生に対しては生徒会の生徒にも話をしてもらう部分があって、そのときに「中学校ってこんなところだよ」という話と一緒に「BE A HERO」の話をしてもらう予定です。「HERO」の意味だけでも知ってもらうことで、実際に入学してから、こういうことだったのかと円滑に取り組めると思うんですよね。来年度から分離してしまうので、今は広瀬中学校と錦ケ丘中学校それぞれ生徒会長が一人いる体制をとっています。その生徒会長の話の中にも「BE A HERO」の話を入れたらいいのではないかという案も出ています。今後両方の中学校に伝わってくれるといいなと思っています。

いじめ撲滅プロジェクト
「BE A HERO」～HEROになろう～に参加して
○プロジェクトに参加しての感想をお聞かせください。

いじめは絶対にしてはいけない行為だと思うし、それを見て見ぬふりをするのもいけないことだと思います。それにいじめられた人の心には大きな傷ができてしまいます。私は小学校のときからいじめられていて相談できずにいました。でも、このプロジェクトを通して助けを求めることは恥ずかしくないことを知りました。このプロジェクトにより、多くの人の心が軽くなったと思います。忙しい中、私たちのためにきてくださってありがとうございました。私はソフトボール部に所属していました。岩隈選手のようなすごい人になれるように頑張りたいです。

——「HERO」という言葉には、誰が使って誰が教えても、同じ効果が出るように、という願いも込めているので、そう言っていただけるととてもうれしいです。

ヒーローの存在と生き方勉強

「BE A HERO」プロジェクトの空気感もとてもいいですよね。ちょっと斜に構えているような子も、あの中に入ると、一緒に考えることができたと言っていました。そういう雰囲気を一緒に感じながら考えて、一歩踏み出すことができたと思います。

——岩隈選手やゲストのアスリート、私たち講師も講義の中でHEROを体現することで、あの人みたいになりたいなとか、一生の思い出になるんじゃないかなと。

そうですね。いじめの講義であると同時

に、生き方勉強ですよね。生徒たちがこれからどのように生きていくのかというところにもつながっていきますね。キャリア教育も、「ＢＥ　Ａ　ＨＥＲＯ」プロジェクトと関連させることで、「これから大人になったらどうなりたいか」という自分の生き方をより深く考えることにもつながります。行動宣言で自分の考えを表明し、実際にそれに基づいた経験が積めるといいですね。将来的には、目の前の課題に対して、自分ならどのように対処していくのかということにつながればいいかなと思います。

　実際に取り組んだ後、うれしい報告が少しずつですが入ってきてます。報告で聞くのは起こっている変化の一部ではあると思いますが、これからもっとうれしい報告が増えていくのではないかと期待しています。

　そのため、ぜひ地域にも広めていきたいと思ってます。中学校から始めてもこれだけ効果があるので、仮に近隣の小学校で「ＢＥ　Ａ　ＨＥＲＯ」プロジェクトを始めたら、中学校に入学する時点で、子どもたちはすでに土台があることになりますからね。「ＢＥ　Ａ　ＨＥＲＯ」が地域の子どもたちの合言葉になるといいですね。

導入を検討している学校・先生へ

――実際に取り組まれて、これからこのプロジェクトの導入を検討されている、もしくは迷われている学校や先生にメッセージはありますか？

　やはり、何事もやってみないと変わらないと思います。最初の一歩が大切です。やらない、できないよりも、どうやったらできるだろうと考えれば絶対やれると思っています。

　プログラムでは、自分たちが体験するであろう、仮のシチュエーションで、ＡとＢという二者択一の中、自分はどっちかなと考えていきますよね。どちらでもない人もいるかもしれませんが、非常にシンプルで明解ですよね。そのあと、解説しながら根拠を話していくので、そのプロセスが子どもたちに受け入れやすいですよね。それに、「なぜ？」と一人一人に問い掛けていけば、理由は人によって違いますから、多様な考えを知ることにもなります。内容も時間も小学生でも問題ないと思いますし。

　あと一体感のつくり方もすばらしいですね。最初のつかみもとてもいい。固くなくて、子どもたちもスッと入っていけるのだと思います。子どもたちもよさを感じたようですよ。楽しくできたし、いろいろ考えることができたと生徒の感想にもありました。急には変わらないと思いますが、広瀬中学校の良いところだったオープンマインドに、ヘルプとかエンパシー、リスペクトが加わっていけば、いじめもなくなると思うし、行動宣言したことを、実際にやっていけば、学校全体の雰囲気が良いものになると感じました。

　今度の4月には広瀬中学校から錦ケ丘中学校が分離開校します。１１００人という大集団で行動できるというメリットがなくなり、仲の良かった友達と離れてしまうという寂しさはありますが、分離後はこれまでよりも小回りがきくようになります。広瀬中学校で一緒に行動宣言したことを新生広瀬中学校と新設錦ケ丘中学校でそれぞれ実践に移し、互いに切磋琢磨しながらより良い学校を創ってほしいと思います。

――ありがとうございました。

菅野 勝紀 教頭（当時）

INTERVIEW

生徒の変化を実感できるプログラム

先生や大人の意識

――プロジェクトを実施してから、1か月半ほど経ちましたが、教頭という立場で、学校の様子について今までと変わったと感じる部分はありますか。

少しずつですが、生徒の言動に変化があるように感じます。例えば、本校には生徒会誌というものがあって、今回、原稿の提出時期がプロジェクトの少し後でした。その原稿の中に「ＨＥＲＯ」という言葉が入っていました。特別に、直接生徒に向かって「プロジェクトで学んだことを生かそう」などと声掛けはしていないのですが、心の中に深く刻まれて、どこかでそれを実践し、伝えていこうという気持ちが表れているのだと思います。

従来のいじめ指導との違い

――これまでの生徒指導との違いもあったりしますか？

ありますね。生徒の感想に「『ＨＥＲＯ』は子どもたちにとって合言葉だ」と書かれていました。それが非常にわかりやすかったと。そして、この四つの視点を心に刻んで行動していく、ということをたくさんの生徒が書いていました。

――道徳の授業だけでは、いじめをなくしていくというところにつながりにくい部分もあると思うんですが、教育現場に「BE A HERO」プロジェクトのような実践に直結する取組が入ることによって、助けになることはありますか？

道徳科では、自己の生き方についての考えを深めていく学習をしていますが、いわゆる道徳的諸価値の理解のみにとどまらず、それを自分たちの生活の中で実践していくことに難しさがあると思います。もちろん授業以外でも道徳教育を展開していますが、生徒にとって関わりのある何かが必要だと感じていました。

「BE A HERO」プロジェクトでは、行動宣言を行い、それを自分だけでなく、クラスや学校で広めていくという核がしっかりしているので、道徳科の授業で学んだことがうまく接続しているなと感じています。また、大人自身が良い行動を見せて、それを実践しているので、生徒が、先生たちも本気で取り組んでいるんだなと感じているようです。

実は「いじめ撲滅イベントがある」と生徒が聞いたときに、「またか」と思ったそうです。「こういうふうにするのが正しい答えなんだから、私たちはこんな答えを求められているんでしょう？」というような先入感を持っていたようです。いじめがだめなことだって、いじめはいけないって、みんなわかっているし、知っているんですよ。だからまた、いじめはいけないんだっていう、お説教のようなことを100分言われるのかなと思っていたと。でも、このプロジェクトはそういうのじゃなかったと生徒は言っていました。正直言うと100分って長いと思っていたと。だけど受けてみたら想像と違っていて、わかりやすくてよかったと。やってみたら、今まで受けてきたことと違うと感じたっていう話ですね。

——なるほど。道徳の授業との一番の違いは何だと思いますか。

そうですね、具体的であるということですかね。わかりやすさと、行動の具体性でしょうか。行動宣言のおかげで、みんな実際にそれを実践しようと思ったと。また、「黙っていたけど助けを求めていいんだ」という意見は生徒から結構出ていますね。繰り返しになりますが、道徳的価値について授業で学んだことを、すぐに実践できることが、いいですね。

「Help」の大切さ

——「助けてほしい」と言うことはどうしても恥ずかしいし、怖いというところがありますよね。

学校の先生は割と「助けてと言っていい」と言っているんですけどね。でも、生徒は、学校の先生が言うと逆に言いづらくなっているのかもしれません。だから、学校の先生ではない、外からの人が、「助けてほしいと言うのは良いことだ」と言い切ったことがわかりやすかったのではないかと思います。同じことを言っているのに、学校の先生が言うと伝わらないということは、実は結構あります。「先生だからそういうこと言うんでしょ」というように受け取られてしまうんですよね。

一つの変化として、生徒が「こんなこと言われて、困っているんだけど」「こんなこと言われたので何とかしてください」と率直に言うようになりました。だから本校では、トラブルについて初期段階で把握しているため、いじめ認知件数は多いと思います。

——とても大切なことですね。例えば生徒から担任の先生が相談を受けたとして、そこに「BE A HERO」プロジェクトが役に立っている部分はありますか？

生徒に対する助言や支援など、伝え方にブレがなくなっているところが役に立っていると思います。

「よいモデルを大人が示さないといけない」という共通理解が深まっているので、「HEROメソッド」の四つの視点に基づいた対応ができています。例えば、ホームルームなどでの生徒の話し合いでも、「Aさんの意見は今まで思いつかなかったけど、取り入れてみよう」というような相手を受け入れ、共感するような発言が見受けられるようになりました。また、学校生活の中でふざけ合うシーンでも、「もうやめとこう」「みんな困っているよ」というような自制する姿勢も見受けられます。

こういった生徒の変容は、まさに「BE A HERO」プロジェクトの影響が全校生徒に確実に広がっているなと感じるところです。

「HERO」の存在

――他にもこのプロジェクトのよかった点はありますか。

やはり、発起人である岩隈さんの存在は大きいかなと思います。楽天イーグルスで活躍されていましたので、本校がある仙台市では特別な存在です。そんな影響力のある方が、「正しいことはかっこいい」と伝えてくださることで、生徒たちは本気になります。

岩隈さんが、本校に来ていただいたときも、「共に行動を起こそう」と生徒の立場で語ってくれたので、身近な存在としてとらえられたのもよかったです。

全国の学校にこのプロジェクトを広めていくためには、地域それぞれで活躍されている大人の存在が必要です。岩隈さんみたいな、一流のスポーツ選手はなかなか難しいかもしれませんが、必ずこの考えに賛同してくれる人がいるはずです。伝統・文化の世界で活躍している人、ビジネスの世界で活躍している人、農業や漁業で活躍している人など、いろいろな立場で「いじめをなくそう」と支援してもらうことが大切だと思います。

――仮に、仙台以外の地域だったら、その地域で活躍されている何かしらの「HERO」的な人に協力してもらうことで、より広まっていくと？

そうですね。地域の良さを生かす方向で、独自性を出せたら面白いと思います。例えば、熊本県も地震で被災されて今も復興中です。そういった被災している県の学校と連携したりすることも考えていいかもしれませんね。仙台でも、復興するために何ができるのか、相手の立場に立った支援ということを大事にしていますので、そういった面でもプロジェクトに通じる部分があります。

また、都心部でしたら、外国籍の子どもたちが増えてきていますので、彼らにとってのHEROを探して、関わってもらうことも必要ですね。

――なるほど。面白い考えですね。プロジェクトに取り組む中で、中学生・思春期という発達の段階をどうとらえていますか。

小学生と比べて中学生は、「HERO」という言葉の先を見ることができています。そのため、「HERO」の一文字ずつに意味があるということを、生徒たちはみんな考えていました。口には出さないけれど、心に残っている感じですかね。E＝Empathy（共感する）とは具体的にどういう行動なのか、といったことなどを生徒一人ひとりが真剣に考え、表現していました。

全員で考える

実は、作文が嫌で学校を休むくらい作文が苦手な生徒って結構いるんですよ。でも、その子たちも今回のプログラムの作文を一生懸命書いていました。

——表現が苦手な生徒にも響いていたのですね。

また、本校ならではの反応というのも結構あります。本校は生徒数が多いので、全校行事ってなかなかできないんですよ。このプロジェクトでは、聞かれる質問に対して、全員で考えることができたことがよかったのです。そういうことが作文にも書いてありました。みんなでできたのがいいって。

生徒の変化を感じた体験

——他の学校へのアドバイスはありますか。

まず、伝えたいことは、「確実に生徒の行動が変わる」ということです。「確実に」ということが大きなことだと思います。ですので、不安な気持ちがあったり、学校業務が忙しくて大変かもしれませんが、良い結果が生まれると信じて取り組んでほしいですね。

生徒自身が行動を変えるというときに、そのポイントがシンプルなので、彼らの主体性がこれでもかと発揮されます。初めて取り組む先生方は、「こんな簡単なことをやればいいの?」という気持ちになるかもしれませんが、複雑に考えないでください。

「助けを求めていい」という点を見ても、私自身も、「なかなか声に出す生徒はいないんじゃないかな」と最初は思っていました。しかし、生徒の壁が取り払われたというか、こんなに助けを求める声が多いのかということに驚きました。

——先生が、生徒の行動が変わっているなと感じたのはいつでしょうか?

このプロジェクトが始まった瞬間ですね。そのときから、生徒たちの目が真剣でした。その理由はいろいろと考えられるのですが、「これから一体何が始まるか」「これまでのいじめの指導とは違うんじゃないか」「自分たちの行動でいじめがなくせるんじゃないか」といった期待が大きいのではないでしょうか。彼らが「行動宣言」に書いた内容からも、その熱意は感じ取れましたからね。

生徒が変わる瞬間って、教師の醍醐味だと思います。この喜びを是非とも、多くの学校・先生方に味わってほしいと思います。

東海林 仁 先生（生徒指導主事）

INTERVIEW

いじめ対策担当から見た、「BE A HERO」プロジェクトの効果

近年のいじめの傾向

――実際に学校の中でいじめにつながるトラブルというのは、どういうものが多いのでしょうか？

そうですね、やはり友人関係のトラブルが一番多いです。最近はそれに、LINEなどのSNSが絡んでくることが多いのですが、投稿や会話の内容を消去することができてしまうものなので、その対応や指導が非常に難しいと感じています。このような場面はここ数年多いですね。

講義後の生徒の変化

――そんな中で「BE A HERO」プロジェクトをみなさんに受けてもらって、先生の中や、生徒同士の中で、何か変わったという実感はありますか？

11月末にこの「BE A HERO」プロジェクトをやっていただいて、その後、生徒全体で「いじめってやっぱりダメなことなんだ」という意識は高揚したと思います。個人的には、プロジェクト後に生徒のほうから、自分じゃないんだけど友達が悩んでいるとか、そういうことで教員に伝えてくれようとしてくれる場面が増えたかなと、実感としてはあります。

いじめへの介入で気を付けていること

――先生方が学校生活の中で、いじめに対して介入するときに一番軸にしているものは何ですか？

まずは、早期にトラブルを見つけることですね。もちろんトラブルがないことが理想ではあるのですが、集団での生活ではトラブルは何かしら起こるものです。できるだけ早期に発見し、いじめに発展する前に教師が介入することが大切です。

いじめが実際に起こってしまった際のポイントとしては、やはり、被害者及びその保護者の方に寄り添って聞き取りを行うことだと思います。ただ、中学生同士なので、一方的に加害者というわけでもなく、加害者のほうにも言い分もあります。被害者・加害者それぞれに寄り添った形をとるというところを柱にして進めるよう、先生方にお伝えしています。

私たちは警察ではないので、罪を裁くのではなく、あくまで生徒の未来に向けて、良い形で被害者も加害者も未来に向かっていけるような指導を心掛けています。

「第三者の大人」の影響力

——そういった部分において「BE A HERO」が生きたなという部分はありますか。

普段、私たちも道徳の授業や学級活動の授業で、いじめはだめだともちろん伝えていますし、校長からも全校集会などでお話しをいただいています。でも、今回は岩隈投手に来ていただきました。教員や保護者以外の大人から言われるというのが、生徒にとっても非常にインパクトのあることですし、心にも残る部分があったかなと思います。社会では、模範となる行動をしっかりと見せてくれる大人が数多くいます。それは、学校という組織だけでは見えにくいものです。このプロジェクトのように、「第三者の大人」の影響力を使わない手はありません。できるだけ多くの大人に関わってほしい。そういう意味では教師の側にもとても良い影響が出てきたなと思います。

「BE A HERO」を受けて

——先生はいじめ問題を一番の中心に担当されているわけですけど、今後の取組について、どのように考えていますか？

そうですね。今回、このプロジェクトで、いじめがどれほど有害で悪影響を与えるのか、それを防ぐために正しい行動を実践することの大切さについてお伝えいただきました。生徒だけでなく、私たちもそれを肝に銘じているところです。

その中で、今後は「被害者にならないための人間関係をどのように構築していくか」というところに焦点を当てていきたいと考えています。アンバランスパワーの問題、シンキングエラーの問題を土台にしつつ、伝え方やコミュニケーションスキルなどを含めた、合意形成の力を育んでいくための取組を学校全体で行っていこうと思います。

また、いじめへの対処の仕方というのは、どうしても個別対応になってしまいます。このプロジェクトを行って以降、生徒たちにもいじめの問題を全員で解決していこうという土壌ができ上がってきました。そのため、いじめ問題を全校生徒で共有するという体制づくりも、少しずつ整備していきたいですね。もちろん、個人情報や被害者の人権に配慮することは大前提になります。

——なるほど。貴重なお話をありがとうございました。

DISCUSSION 「BE A HERO」の講義を受けて ―生徒の立場から見えること―

講義の感想

新保　まずは、「BE A HERO」プロジェクトから1か月半経ちましたが、あのときの講義の感想を聞かせてください。開地さんいかがでしたか?

開地　いじめという問題は、どうしても重く真剣に考えてしまって、自分にできることって少ないんじゃないかなってとらえてしまうんですけど、それをあえて身近なケースをもとに話すことで、自分たちにもできることってたくさんあるんじゃないかなって思わせてくれました。

新保　なるほど。糸賀さんは?

糸賀　いじめっていうと勇気ある行動が必要で、勇気ある行動をするためには、どうすればいいのか、そういう場面にもし直面したときに何をしたらいいかわからなくなってしまうので、今回の講義を聞いて、何をすべきなのか、自分のするべきことが見つけられたのかなって思いました。

新保　どうしても、いじめって聞いて、講義を受ける前はちょっと身構えた部分もあったのかな。福士君はどうでしたか?

福士　HEROメソッドの「H」「E」「R」「O」の四文字があるじゃないですか。ワークショップでは一文字ずつ具体的な場面が出されて、それについて考えることがあったんですけど、こういう場面で、もしかしたら相手は不快に思っているかもしれないとか、相手の立場で考えるきっかけになったかなと思います。

新保　なるほど。実際にあのとき、四つのシナリオがあったと思うんですけど、自分の身近なところで、近い状況があると感じたことはありましたか?

福士　僕は「BE A HERO」プロジェクトを受けた後に、仙台市のいじめ防止サミットというところに行きました。そこで、ある学校で縄跳びがうまく跳べない子がいて、その子を縄跳びの輪に入れるかどうかという話がありました。相手の心を考えるか、クラスのことを考えるかを選ぶものでした。例えば縄跳びであったら、縄跳びが苦手な人とか、まずは相手のことを考えることがとても重要なんだなって思うようになりました。

新保　そのとき、講義の内容が、どのように影響しましたか？

福士　「自分ならどうするか」と考える場面で、ヘルプ、エンパシー、リスペクト、オープンマインドの四つを頭に入れて、こういう場合はこうしたほうがいいんじゃないかと考えるヒントになりました。

新保　海老名さんはどうでしたか。

海老名　なんか、いじめっていうのはあまり身近に感じられないっていうか、自分とは関係ないってどこか心の中で思っていました。それを具体的な例と一緒に考えることで身近に感じて、自分がもしこういう場面にあったら、というように落とし込んで考えられました。

道徳との関係

新保　なるほど。ありがとうございます。いつも受けている道徳の授業と「BE A HERO」プロジェクトの内容で、同じと感じる部分、または違うと感じる部分はありますか？

開地　さっきと重複してしまうんですけど、いじめをなくす上で、やっぱり自分にできることを探すということが大切だと思います。このプロジェクトではいろいろな視点から自分にできることを教えてくれるし、考えさせてくれます。道徳の授業では、「注意する」ということは大事だと理解できるのだけど、実際にそうするのは勇気が必要なことで、自分にはできないんじゃないかなって思うこともありました。今回のプロジェクトに参加し、いろいろな視点から、「あ、これなら自分にもできるかな」っていうのが見つけられたと思います。

新保　実際に自分たちの周りで、「BE A HERO」の講義を受けてから、友達やクラスメイトの変化を実感した場面ってありますか？

海老名　グループをつくるときに、ちょっとしたことでいつも一人になってしまう子が私のクラスにいて、これまではその子のことを「勝手にすればいいじゃん」って思ってる友達もいたけど、講義を受けた後は、その友達はその子に声を掛けるようになっていて、すごく「変わったな」って感じました。

新保　素晴らしいですね。クラスみんなが感じたってことかな。変化を口に出すわけじゃないけれど、ちょっといい空気になったなみたいな。

海老名　そういう良い行動が増えたなっていう感じはありました。

プログラムを聞いて、実践したいこと

新保　今、そういう行動があったっていうお話を聞かせてもらったんですが、今後「BE A HERO」プロジェクトで聞いた内容を踏まえて、具体的に自分が変えて

糸賀 円菜さん

いきたいなと思ったことはありますか？

開地　私は個人的に、R＝Respectが特に大事だと思っています。30人以上の人がクラスにはいて、いろいろな性格の人がいます。自分では考えもしないことを思いついたり、行動したりするような人もいます。でも、そうだからって間違っているっていうのは違うと思うし、自分とは違うところとか全部含めて、尊敬していくことが大事だと思います。

新保　ありがとうございます。福士君はありますか？

福士　僕は行動宣言に「一歩立ち止まって、相手がどう思っているか考える」って書いたんです。些細なことなんですけど、筆箱を取るなど、クラスではなんとなく「これくらいならいいだろう」という風潮がありました。まず僕は、相手がどう思っているか考えます。もしかしたら、相手が不快に思っているんじゃないかっていうことを一度考えるきっかけを学びました。

新保　「そういうことはやめよう」など、実際に言いましたか？　言えないけど言えたらいいなって感じ？

福士　実は一度僕もされていたので。

新保　それは嫌でしたね。じゃあそういう意味ではヘルプですよね。でも、そういう立場だったからこそわかる気持ちみたいなところもありますか？

福士　相手側はこれくらいのことならしていいと思っているかもしれません。さらに、「これを不快に思うなんて、あいつはおかしいんじゃないか」とも思っているかも。でも、こういうことでもいじめにつながるんだよってことを、全体に向かって話していただいたので、それで相手側も意識が変わったのかなって思います。

新保　やっぱり全員で考えるきっかけというのがあるといいですよね。うなずいている糸賀さんはどうですか？

糸賀　「HERO」のO＝Open-mindという言葉が印象に残っています。いじめで広い心を持つというイメージがあまりなかったので、びっくりしました。考えてみれば他人を意識することは大事だし、心を開くことが大事だから、周りの人に常に目を向けて、相手の人の思いをいつも感じていたいなと思っています。

新保　ありがとうございます。海老名さんは、実際に実践してみたことや、今後自分の中で変えていきたいことはありますか？

海老名　他のクラスでも一部の子たちが、笑顔ではあるんですけど、筆箱を取り合ったりすることがありました。でも、そういう小さなことがだんだんエスカレートしていくじゃないですか。「BE A HERO」プロジェクトを受ける前は、自分が一言注意しても、ただ空回りして終わっちゃうんじゃないかって不安があったんです。でも、みんなが私と同じように思って何も言わなかったらどんどんエスカレートしていくので、どうしたらよいかわかりませんでした。
　今後は自分一人で言おうとするのではなくて、それを見て、いけないんじゃないかと思ってた人と一緒に少しずつそういうことをやっている子たちに伝えていけたらと思います。

もし、岩隈選手がいなかったら…

新保　では、もしあの場面に岩隈選手がいなかったら、どうでしたか？

開地　この前のプロジェクトでは、保護者の方は自由参加でしたが、たくさんの人が来ていました。アスリートの方がいることで、人が集まってくるというきっかけにはなると思うんですけど、講義内容は変わらないと思います。仮にアスリートの方がいてもいなくても大事な部分、芯っていうのは伝わると思います。ただ多くの人に伝えるときのきっかけにはなるのかなとは思います。

糸賀　選手がいるから来るんじゃなくて、今回の目的はいじめ撲滅プロジェクトなので、内容を伝えてみんなに知ってもらうことが大切だと思います。選手の方が忙しいときだったら、別に他の人でもいいと思います。何よりも内容が伝わることが大事だと思います。

福士　例えば、今回は「岩隈選手が来た」っていう話題性があったじゃないですか。これがもし、普段聞いたことがないような人だったら聞いてる側も退屈に感じて、聞く意識が薄くなると思うんです。だけど、岩隈選手が携わっているからこそ、「この会は一味違うぞ」みたいになるのではないかと思いました。岩隈選手や社会で活躍している人が、その会にビデオレターとか何かしらの形でメッセージをくれるといいとは思いますね。

開地 燈さん

新保　本人が来なくても、ちゃんと関わっているとわかるメッセージがあるといいってことですね。

福士　はい。

海老名　最初にクラスで「BE A HERO」という講義があると話がありました。岩隈選手が来るということで、いじめをテーマにした講義へのとっつきにくさっていうのがなくなって、みんな興味を持って講義を聞いていたと思います。選手の存在は講義の内容には直接は関係するとは思わないんですけど、関心を持つという点ではとても大きいと思います。

大人へのリクエスト

新保　やっぱり存在としては大きいですよね。それでは、大人に対して何かリクエストはありますか。

開地　いじめに関して言えば、話を聞いてくれることが一番だと思います。例えば、私のお母さんの世代だと、「SNSいじめ」とかはなかったと聞いています。でも今は大きな問題になっています。そういう、もしかしたら大人には理解しにくい部分でも、真剣に聞いてくれたら、心が軽くなるのかなって思います。

新保　なるほど。そういうSNS系のいじめというのは、身近で聞いたりしますか？

開地　私はLINEなどのSNSはやっていません。でもこの間、たまたま、中学校のホームページを探しているときに、掲示板みたいなものに入ったことがあって、そしたら匿名で特定の人を非難するようなコメントがありました。多分本人は見ていないんだろうなとは思うんですけど、インターネットを使う上でのルールを破っているので、よくないんじゃないかなと思いました。名前が見えない分、言いやすいという危険性を感じました。

新保　糸賀さんはどうですか？

糸賀　いじめって表にならないことが多くて、裏で陰口言ったりだとか、上靴隠したりだとか、そういうことが起きたりします。それに気付くのが遅いときもあるので、先生たちには、起きたらすぐに気付いてほしいなって思います。

新保　福士君はどうですか？

福士　僕はSNSでのいじめとかはよくわからないんですけど、気付いて注意するだけでは収まらないこともあると思います。最近ニュースで見たんですけど、いじめが原因とみられることで、自殺する事件が起きていました。学校側は「いじめはだめだ」の一点張りじゃなくて、もっと大人が踏み込んで、助けてくれる仕組みがあるとよかったのかなと感じました。

海老名 萌子さん

新保　なるほど。海老名さんはいかがですか？

海老名　いじめって、先生がいる前ではやらないじゃないですか。いじめてる側はもちろん、いじめられている側も隠そうとするのだと思います。

担任の先生は教室にいられないこともあるので、そうなると、勇気を出していじめられた人が相談しても、その話は本当かという確認に結構な時間を費やしているような気がします。

相談に乗ってもらうってだけでも違うと思うんですけど、いじめられている子はもっと早く、先生に動いてほしいって思ってるんじゃないかなって。

将来の目標

新保　なるほど。ありがとうございます。みなさんは、将来、どういう職業に就いてどういう大人になりたいですか。

開地　私は検察官になりたいと思っています。職場体験で検察庁に行って、そのときに仕事を見学させてもらい、はっきり悪いことは悪いって言う姿勢がすごくかっこいいなって思って。

新保　へぇ！　まさに「BE A HERO」の「正しいことはかっこいい」の精神ですね。

糸賀　私の夢は幼稚園教諭です。弟が通っていた幼稚園の先生を見ていたら、すごく輝いて見えました。幼稚園に通う子は、悪いことはしちゃいけないんだよってことを

福士 永浩さん

覚える段階の子たちだと思うので、いけないことはいけないことだし、他人を思いやってねって教えられる、正義感のある先生になりたいなと思いました。

新保　素晴らしいですね。ありがとうございます。福士君どうですか？

福士　はい。仙台市には仙台城ってところがあるんですけど、そこの発掘調査事務所に職場体験に行って感銘を受けました。だから僕は、歴史関係の仕事に就きたいなと思っています。

新保　すてきな夢ですね。ありがとうございます。海老名さんどうですか？

海老名　私はまだ、具体的な将来の夢が決まっていないです。でも、講義を受けたときから思っていたんですけど、「HERO」のH＝Help、人をちょっとしたことでも助けられるような人になりたいなっていうふうに思っています。

　助けるっていうと、何か大きなことから人を救うみたいなイメージになっちゃうんですけど、今だったらクラスの子が何か忘れたら、貸してあげるとかそういう小さいことでも助けになるんじゃないかなっていうふうに感じています。人に助けられないで大人になるっていうのは無理じゃないですか。

新保　本当にそのとおりですよね。素晴らしい。この歳からわかっているってほんとにすごい！

海老名　一方的に助けるってなると自分が大変になっちゃうので、人と助け合える人になりたいなって思います。

新保　今日は本当に、ありがとうございました。

生徒　ありがとうございました。

CASE

③

個性を伸ばして人間力を高める！

香川県立高瀬高等学校

学校の概要

2018年に創立70周年を迎えた香川県立高瀬高等学校は教育目標に「高まる人間力」を掲げ、校訓「信・愛・望」の精神のもと、確かな学力と豊かでたくましい心身を育て、個性を伸ばし、広い視野と主体的な行動力を備えた人間の育成に努めている。普通科には「普通コース」と「スポーツコース」の2コースの選択が可能で、各自の希望を生かし、個性と自主性を尊重した進路指導を行っている。

高瀬高等学校野球部の取組

チームが勝つことを目指し、その過程で公正・努力・工夫・自制・協調等、**野球を通じての人間力向上**を図る。チーム方針は「Enjoy Baseball」。

選手育成の３本柱

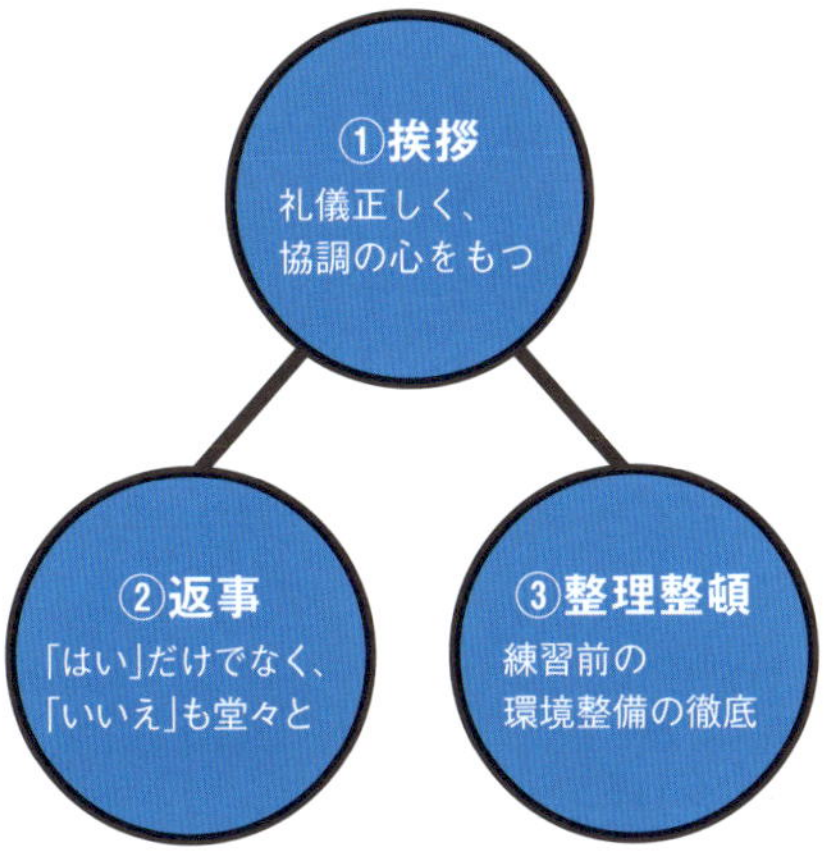

組織構築の３本柱

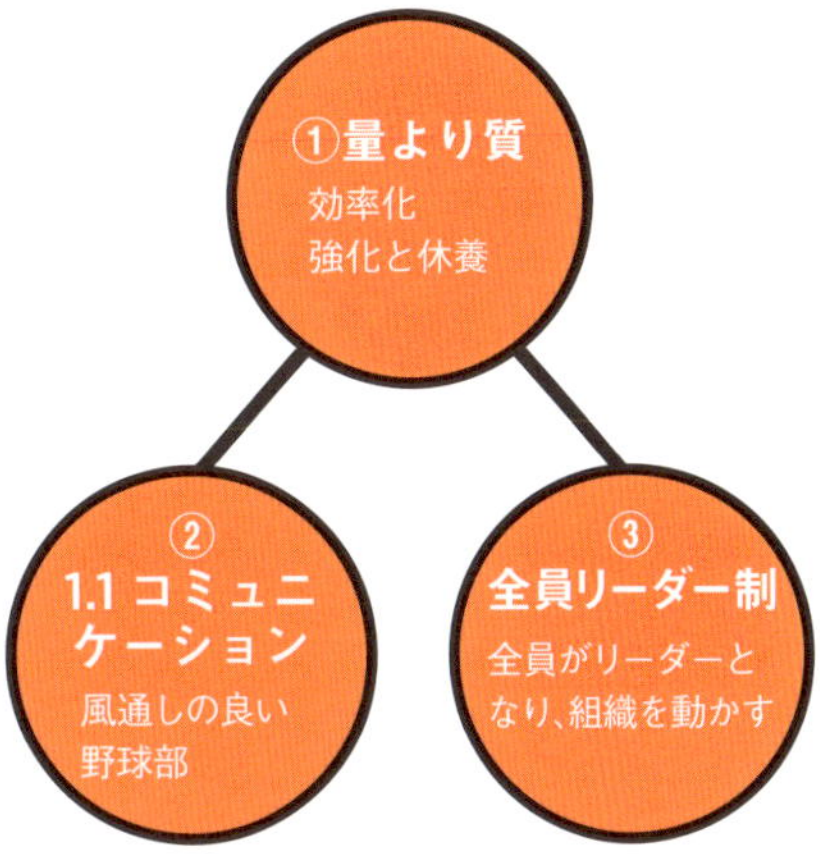

練習について

ボトムアップ式運営

→主役は生徒（選手・マネージャー）。「やらされる」のではなく、「自らやる」姿勢で取り組む。
週２、３回は生徒考案の練習を取り入れている。また、練習中も短い選手間ミーティングを繰り返し、全員の意思疎通を図るとともに、練習の質を高めている。ミーティングの進行役も選手が務める。

練習の心得

・目的意識の高い練習
・効率の良い練習
・集中した練習
・自主練習の活用

主将の言葉

高瀬高校の練習メニューは、ランダムにグループを作成して、担当者になった人が話し合って決めています。それを決めるときも学年関係なく意見を言い合えるようにしています。また、マネージャーと話し合う機会も多く、選手の立場では気が付かなかったことを指摘してもらうこともあります。話し合いだけでなく、雑用も基本的には上級生が行い、下級生には行動でお手本を見せることを心掛けています。僕自身も、キャプテンとして自分がしっかりやれば、みんながついてきてくれると思い、見本として引っ張っていけるよう日々取り組んでいます。

TEAM PLAY プログラムを行った経緯

杉吉教諭が高瀬高校野球部の監督になったとき、上級生が自信を持てずにいることや下級生が遠慮がちなこと、マネージャーが選手と距離を置いているように見えたこと、そして監督や部長の指示を常に待っている受け身な姿勢など、いくつか目に留まる点があった。杉吉教諭自身も部が変わるように働き掛けてはいたが、３年生が引退し、部が新体制になったタイミングで、さらに良いチームになることを目指し、TEAM PLAY プログラムに参加した。

DISCUSSION 生徒の行動を変える！ TEAM PLAYプログラム

部活動包括マネジメントプログラム 「TEAM PLAY」の概要

部活動からいじめをなくす。
未来のアスリートたちに向けたいじめ予防プログラム

部活動は、生徒たちが大きく成長することができる有効な場です。一方で、「耐える力をつけるために何をしてもいい」「先輩や顧問の先生には無条件に従わなくてはならない」といったシンキングエラーを起こしやすいという側面があります。

このプログラムでは、生徒たちにいじめに関する正しい知識を提供することで、いじめのない部活動、学校を実現することを目指します。また、チームの力を最大限に引き出すコミュニケーションスキルや問題解決スキルを高めることを目指しています。

「TEAM PLAY」の内容

Basic セミナー
チームのルールと優先順位、コミュニケーションの取り方

Leader セミナー
リーダーシップとは、問題解決・目標設定スキルの高め方、思春期問題

TEAM PLAYプログラムを取り入れたきっかけ

木村　最初に、TEAM PLAYプログラムを取り入れようと思ったきっかけを教えてください。

杉吉　高瀬高校に異動して、野球部を見たとき、3年生に自信がないように見えたんです。それがプレーにも表れていました。だから、自信をつけてもらいたくて、僕なりに考えを伝えてはいました。3年生が引退して新体制になったとき、全員が一人一人の力を発揮できるチームをつくりたかったのです。そのための土台に「心の安全が大切」という木村さんの言葉に共感して、このプログラムをやってみようと思いました。

杉吉 勇輝 監督

木村　芦田先生は、昨年の4月から野球部の副部長として着任されましたが、1年間TEAM PLAYプログラムを実践した状態の野球部はどうでしたか？

芦田　最初に見たときのことを今でも覚えているんですが、練習のとき、部員同士で指摘し合う声がすごく飛び交っていたんです。大学生や社会人でも先輩後輩関係なく指摘し合うことって難しいことなのに、高校生でそういう環境がつくれていてすごいなと思いました。そういう環境の下で保障される「心の安全」はすごく大切なことだなと改めて感じました。

木村　思春期の子は特に、傷つくことが怖いので、部員同士で「指摘する」ことは難しいと思うのですが、1年間でどのように変えていったのですか？

杉吉　最初、部員たちは「監督の指示に従えばいい」というスタイルでした。でも僕は、基本的に選手が自分たちで考えて野球をしてほしかった。高校生レベルになると、チームやプレーに対して、個々に思うことはたくさんあるはずです。ですから、まずは自分で判断し、主体的にプレーすることを何度も伝えました。そのためには、部員全員の「心の安全」をチーム全体で守ることが大切になります。そうすると、意見もたくさん出てくるようになります。選手同士がお互いに意見を言える環境というのはとても大切だと思います。

成長する部員たち

木村　27年ぶりに夏の香川県大会でベスト8になりましたね。今言ったことは、どのようにゲームに反映されたのでしょうか？

芦田 敦子 副部長

杉吉　監督に言われて動くことも、もちろん試合の中ではありますが、こちらとしてはある程度は根拠や自信を持って、選手に動いてもらいたいんですよね。何か起こったときに「まずベンチを気にする」という流れにしてしまうと、相手チームとも戦っているけれど、同時に味方のベンチとも戦っていることになってしまうのです。あくまでも、相手チームだけを見て戦っている中で、監督がちょっとアドバイスをくれるくらいの感覚でいてほしいのです。

　それがだんだんできるようになったので、一球に集中する感覚がすごく上がったのだと思います。だから、生徒は一球一球集中して、ミスなく落ち着いてプレーしていました。彼らが持っている力を限りなく100％に近い状態で出せたと思います。

木村　芦田先生の立場から見て、どうでしたか？

芦田　練習のときから、自分の役割を果たすということと、チームのために勝つという意識を持って取り組んでいました。ベンチの生徒もみんな一緒になって戦っているという雰囲気はスタンドからも感じられました。

木村　今の生徒さんたちは何を学んで変わってきていると思いますか。

杉吉　「尊重」が大きいのではないかと思っています。レギュラーであるかないかは関係なく、自分が何を磨けばよいのか、どうやってチームに貢献するのかを考えて突き詰めていける状況というのは、言い方を変えれば、「苦手なことは苦手と言っていい」「苦手なことを克服するためにチャレンジして失敗していい」「それをみんなでサポートしよう」と、お互いの頑張っていることを認め合う関係ができているということなのです。

芦田　高校生の年頃だと、他人から何か言われると反発したくなると思うんですが、本校の部員たちはそういったことがあまりなく、言われたことを聞き入れる広い心を持っています。それもプレーに生きているのではないかと思います。

行動が変わるプロセス

木村　大人の顔色を見ながら野球をやらざるを得ない状況の子が今でもたくさんいると思います。そういった子を変えていくプロセスを教えてください。

木村 匡宏 トレーナー

杉吉　そういった世界って、基本的には「はい」「いいえ」の世界なんですよね。そうはなりたくないと思ったとき、「はい」「いいえ」では答えられない質問をすることにしたんです。

　「今僕が説明したことをもう一回説明してみて」みたいに、アウトプットさせます。このアウトプットさせることを習慣化させました。どんなことをしたかというと、練習後すぐにくじ引きさせて、ペアをたくさんつくります。そのペアになった相手と、その日の練習を振り返って発表し合うのです。Aさんの振り返りに対して、Bさんが30秒でコメントをつける。それを繰り返しお互いに2分間やります。

そうすると、毎日誰かと2分間は話さないといけない。しかもくじ引きだから誰と当たるかわからない。ペアになった相手に「今日、お前のこと見てなかった」とは言えないので、チームメイトを意識的に見るようになり、関心も出てきます。

すると、「こういうねらいがあったので、そういうプレーをしていたのか」という視点でチームメイトを見ることになり、「雑にやっていたわけじゃなかったのか。でも、もっとこうやったほうがいいと思うよ」と、コミュニケーションが深まります。一つでも伝え合うことができたら相手の感覚の違いに気付くことができて、「人と違うって当たり前なんだ」という感覚を持つことができます。

だんだんそこに共感が生まれてくるとリスペクト、相手を尊重する考えが出てきます。最初は二人で始めて、だんだん四人、八人と人数を増やし、全員でもミーティングをする。ミーティングの時間も30分と長くとるのではなく、練習中に1分を五回とか。そういう小さい努力から始めて、常に自分の意見を述べさせて、アウトプットさせるということをしました。

木村　いいチームづくりをしていくために大事にしていることは何ですか？

杉吉　生徒って元々いろいろなことができる能力を持っていると思うのです。けれども、周りにできないと決めつけられて、自分でもそう思っている子は多いと思うのです。

高校で劇的に変わる子ってたくさんいるんですよ。そういう伸びる子の特徴は、できる・できないではなく、「やりたい」「やりたくない」で物事を考えているんです。自分はこんなふうになりたいと思った瞬間にすごいエネルギーが湧いて、自分から走り出すんです。そうなると、僕はサポーターになります。どちらかというと生徒が自分から走り出せるように見守ってあげる、生徒の力を引き出してあげる感覚ですね。ですから、「心の安全」をまず第一にチームづくりを考える。みんなに「心の安全」が保障されていると、学年や男女、野球の上手い下手は関係なく、選手一人一人が活き活きできるからです。この「活き活きできる」ということが、選手が全力で力を発揮できることにつながるのではないかと思っています。

芦田　やっぱり生徒が主体となって動くようなチームをつくっていきたいです。やらされてやっていると、楽しくないし、技術も身に付かないでしょう。生徒の向上心が上がって、自ら次のステップに進めるような、そしてチームでお互いに相談できて、周りが自分のことを見ていてくれると感じられるような環境づくりを大切にしていきたいですね。

木村　最後にTEAM PLAYのプログラムについて一言お願いします。

杉吉　TEAM PLAYのミーティングを受けると、生徒が変わります。どうやったらみんなが輝ける集団がつくれるのかという具体的なヒントをたくさんもらえるので、生徒の行動も一気に変わると思います。それが競技、能力の向上にも大きくつながると思うので是非多くの方に受けてもらいたいです。

DISCUSSION

自分から変われる実感
―高瀬高校野球部OB座談会―

野球部の雰囲気が変わった！

木村　杉吉先生が野球部の顧問になったとき、どういう印象を持っていましたか。

岩井　僕は、杉吉監督が指導していた小豆島高校野球部の様子をYou Tubeで見て、選手がのびのび野球をやっていたので、高瀬高校に来ても楽しく野球ができる環境をつくってくれるかなと思っていました。実際にお会いし、話をしたらイメージ通りの監督でした。

川上　これまでは、休みは月に一回しかなかったのですが、今は毎週休みの日が一日あるので、楽になりました。

休みがあると、その日に向けて頑張ろうとか、しっかり追い込もうと思えるので、練習にも集中して取り組めて、心構えが変わったなと思います。

河田　最初は「甲子園に出た監督」というイメージがあって、ついて行けるかなって不安だったんですけど、思った以上に選手の意見を尊重してくれるし、毎日、新しくて楽しいメニューが増えて、つらいメニューすらも楽しくさせてくれる監督でした。

木村　マネージャーの立場としてはどうですか？

合田　杉吉先生が甲子園に行ったことは知っていたので期待もあったけど、私はプレーと関係のないところで関わることが多くなるので、どう杉吉先生と関わればよいか不安でした。でも先生のほうから話し掛けてくれたので、以前と比べて先生とコミュニケーションをとる機会も増えて、打ち解けることができました。

木村　中学校のときの部活動と今の部活

動って何か違いはありますか？

岩井　中学校では、監督、コーチが厳しいことが当たり前でした。自分たちも主体性に欠ける部分がありました。

でも高校に入って、監督、コーチ関係なく自分たちの世界で野球ができる環境をつくってくれたから、自分たちでチームを良くすることを考えられるようになりました。そこが大きく変わったところかなと思います。

木村　なるほど。高校での野球部の中で、「面白いことやったな」というエピソードはありますか。

岩井　「ミスターX」という取組ですね。

選手が、違う選手に向けて、思っていることを包み隠さず手紙に書いて、それをみんなの前で発表するんです。相手に面と向かってその手紙を読む。それを聞いて、「ここが悪かったんだな」ってところを練習で改善していくんです。

川上　そこでの発表では、自分で思っていたことと違うこともあって驚きました。けれども、仲間から本気で言われている分、受け止めやすかったし、自分も本気で相手のことを考えようという覚悟で言ってました。多分みんなも同じ感覚だと思います。

自分自身を見つめ直すきっかけに！

木村　8月にTEAM PLAYのプログラムを受けたときに自分が感じたことと、それがどのようにチームや自分の行動に影響があったかを教えてください。

岩井　仲間や先生に自分の思っていることを言いやすい環境をつくってもらいました。それから、ベンチの人がレギュラーの人に対して、「今日はここができていなかった」というアドバイスが言えるようになりました。これまでは、投手と捕手というバッテリーの関係だけで話していたことも、内野手、外野手も含めて話すことができるようになって、いろいろな発見がありました。言葉を交わすことによってお互いに気付けていないことを補うことができました。さらに、チーム内でカバーすることができたし、コミュニケーションもしっかりとれていたから、勝利につなげることができたのかなって思います。

川上　講義を受けてから、レギュラーかどうかは関係なく、誰でも手を挙げて発表するようになって、チームの課題がいろいろな角度から見えてきて、その課題をみんなで直していこうとなっていきました。以前は、ミーティングではレギュラーの人しか話していなかったのですが、今はみんなが話すのが当たり前になっています。上下関係がなくなって、チームの雰囲気も良くなったと思います。

例えば、いいプレーが出たときはみんなで声を出して、いつも以上に盛り上がれるようになったし、失敗したときも励ましの

川上 舜平さん

言葉を言ってくれる人がいたので、そんなに落ち込まずに次に切り替えられました。

合田　マネージャーの立場としても、コミュニケーションをもっと取っていくことが大事だと思ったので、実際に行動に移していきました。プレーに関する発言も、みんなしっかり聞いてくれます。普段からのコミュニケーションがあるからこそ、発言しやすい環境ができるのかなと思います。

河田　TEAM PLAYを通して「一人一役」が重視されるようになりました。自分ができないときは仲間に「頼む！　これやってくれ」と言えて、コミュニケーションが活発になりました。また、上級生が下級生を気に掛けるようになり、風通しが良くなったと思います。ミーティングでも、話していない人がいたら、「お前はどう思う?」と必ず聞いています。発言する機会が自然と均等になっていきました。

「心の安全」について考える

木村　なるほど。では、「心の安全」についてどう思いますか?

岩井　最初は聞きなれない言葉だったので、どういう意味なんだろうと思いました。これまでのことを思い返してみると、練習中に怒られて萎縮してしまったり、試合でミスをしたりするとき、自分の気持ちが動揺していたことを思い出しました。特に野球は団体競技なので、「心の安全」を守ることによって、コミュニケーションが取りやすくなり、監督、コーチ、保護者の方、選手、全員が何でも言い合える関係が大事なんだと考えるようになりました。

　ただ、何でも言い合える関係というのは、ときには相手を傷つけてしまうこともあるので、発言には配慮と責任が必要だと思います。高瀬高校野球部には「心の安全」が保障されているからこそ、そのようなことを考えるようになれましたし、言われたことも安心して受け止めることができるのだと思います。

川上　「心の安全」は、スポーツで特に大切なことだと思います。

　例えば、自分がミスしたときに陰口を言われると、ミスして落ち込んでいるのに、さらに追い打ちを掛けるようになって、のびのびプレーできなくなると思うのです。心が安全である場所が、全員にあることが大切だと思います。

合田　体だけではなく、心も安全という話を聞いたとき、すごくいい内容だと思いました。それに、自分も変わらなきゃいけないと思えたし、周りも変わってきてくれたので、野球部全体が変わっていこうとする中ですごく良い方向に向かっていけたと思います。

河田　1年生の頃、失敗が許されないから、挑戦することがなくなっていたんですけど、講義を聞いてから、仲間からも「大丈夫」とか「ドンマイ」などと言われて、

河田 健宏さん

岩井 章太さん

挑戦することが怖くなくなりました。みんながその姿勢に共感してくれているのだと感じます。

木村　自分たちが行動を起こすことで、良い方向にシフトできたと思うのは、どんなことですか？

岩井　高校に入学したときは、野球は好きなんだけど、どこかやらされている感じで、自分でも受け身だなと自覚しながら練習をしていたように思います。

　でも杉吉監督が来て環境が変わることで、自分から進んでやるように変わりました。嫌なトレーニングも進んでやるようになりました。やらされていたときと同じトレーニングをしていても、筋力に違いが出てきていると思います。

　精神面でも、「好きだけど嫌な野球」から、「本気で好きになれる野球」に変わって、野球を本当に楽しむことができるようになりました。1、2年生のときは、他の部員ものびのびと野球ができていない感じが見えたんですけど、自分たちの代になってから動画を見るとみんな笑顔で楽しそうに、監督も楽しそうにやっていて、負けても勝っても楽しめる関係になれました。このことが人生で一番楽しかったかなと思います。

川上　1、2年生のときは、正直、上級生の中で投げたくないと思っていました。それは、自分のせいで負けるのが怖かったのです。でも、「心の安全」をチーム全員で意識するようになってから、打たれてしまっても「次はこうしてみよう」とポジティブに考えられるように変わってきて、しっかりと楽しもうと思えるようになりました。

木村　川上君は3年生の最後の夏の大会では、先発のマウンドを2年生に託すことになりました。そのときに、とても献身的にサポートをしてくれたことがこのチームを強くした大きな要因だったって杉吉監督はよく言ってます。いろいろな葛藤はあったと思うんだけど、サポートする立場に立って、実際にそれを実践できたのはなぜですか？

川上　もちろん、背番号「1」をつけて先発のマウンドに立ちたいという思いはありました。でも、チームのみんなが好きで、チームが勝つなら背番号「10」でもいいかなと思えました。「投げていないときに

合田 彩乃さん

チームにできることは何だろう」と考えながら行動していました。

杉吉先生に出会って、今までは自分のことばかり考えていたけど、周りが見えるようになって、心が広くなりました。試合に出ていなくても試合に出てる人と同じ気持ちで臨めるようになったので、そこが精神面で成長したなって思います。

それこそ以前は、自分が投げていない試合はどうでもいいみたいな感じだったんですけど、今はチームが勝ったら全員が喜んでいるので、逆にどうでもいいみたいな感情を持っているほうがおかしいかなと思い、そこからどんどん考えが変わっていきました。

木村　正しい行動が何かということに自分で気付けたわけだ。それはすごいね。

合田　チームの雰囲気が変わったことで私も変われたし、みんなも変われました。

河田　高校の野球部ということで、自分も少し身構えてしまっていたのかもしれません。特に最初は、監督や先輩がどういう考えなのかもよくわかっていませんでした。先入観で上下関係をつくってしまい、「練習に行きたくないなあ」と思いながら、グラウンドに向かっていたのを覚えています。

そこから、杉吉監督は、自分が勝手につくり出した上下関係のイメージをすべて壊してくれました。本当に良い関係に変わりました。以前だったら試合に勝ってハイタッチなんて全然考えられなかった。試合に勝っても負けても、それぞれ価値がある雰囲気になりました。負けたときは、何が悪かったから、次はどうすればいいとか、勝ったときは、お前のこういうプレーがあったから勝ったんだと言ってくれるようになったのです。

全国の部活動が変わってほしい

木村　なるほど。最後にＴＥＡＭ ＰＬＡＹのプログラムを受けてみて、伝えたいことや部活動をしている中・高生にメッセージをお願いします。

岩井　変わることは、勇気がいることですが、変化を恐れずに変わることによって、チームを良い方向に導くことができると思います。

　あと、チーム内でなんでも言い合える、伝え合える環境をつくることによって、チームとしての力がレベルアップできると思うし、そういう環境が生まれることで、「心の安全」の重要性も改めて実感できると思います。

川上　自分の考えが変わることによって、練習に行きたくないと思う日がほぼゼロになって、毎日が楽しくなりました。自分のことで精一杯だったけど、周りも見えるようになったし、特にチームメイトの良い面に注目するようになりました。

　どんなチームであっても、全員が楽しめる環境をつくることが大事だと思うので、どんどんチームメイトの良いところ褒めて、認めてあげてください。

合田　選手同士でも、年上の人に発言するときは「怖い」と感じることがあると思うんですけど、マネージャーから選手に何かを伝えるときも結構壁を感じることがあります。

　「ミスをしてしまった選手に何て声を掛けよう」「試合に負けてしまったとき、どういうふうに励まそう」など、悩むことがありました。でも、自分の素直な気持ちを言えたらその分チームにプラスになるって考えるようになりました。自分が変われたら毎日部活動が楽しくなって、野球がもっと好きになりました。自分の意識がポジティブに変わっていくことが感じられるので、このTEAM PLAYプログラムを他の学校の人たちにも受けてほしいなって思います。

河田　僕は兄と比べられるのが嫌だったんですけど、「自分ができることをやることが大切だ」という指導を受けてから、自分を磨くために何をするかを考えることができるようになったということが一番大きく変わったことです。

　もう一つは、「変わることは怖くない」ということを学べました。木村さんがバッティングの指導に来てくださったとき、杉吉監督からも「今打ててないだろ、思いっ切り変えてみたら」って言われたことがきっかけです。それまでスイングが当てるだけになっていたんですけど、それだったら「思いっ切り遠くに飛ばすイメージで振ればいいんじゃないか」というアドバイスを素直に受け入れ、変えてみたらホームランを打てるようになりました。そのとき、変わることは怖いことじゃない、むしろいいことなんじゃないかなと実感しました。一人一人の考え方や感覚は違うので、それを認め合って、傷つけ合わないようにすれば、もっと良いチームだったり、部活動関係なく集団としても良いものになると思いました。

木村　なるほど。みなさん、ありがとうございました。

実況中継!!

行動を変えて、良いことを増やす！

TEAM PLAY プログラム

概　要

香川県立高瀬高等学校の野球部の生徒に対して、TEAM PLAY プログラムの講義を行った。

「Unit1 変化を恐れない」は、木村トレーナーが脳の発達段階から思春期は不安定であること、だからこそこの時期を安全に過ごすことの大切さ、行動を変えることの大切さを話した。

「Unit2 チームワークとは何か」では、３つの質問に対し生徒に思い思いの発言をしてもらった。そこからチームとは「同じ目的を持っているが、一人一人は違うこと」「アンバランスパワーは必ずあるが、助け合うことが大事」と話した。

「Unit3 HERO メソッド」では、具体的なエピソードの後に選択肢を２つ提示し、生徒に選んだ理由を発言してもらう。それぞれのエピソードから「ヘルプ（H）」「エンパシー（E）」「リスペクト（R）」「オープンマインド（O）」の大切さを話した。

「Unit4 行動宣言」では、今日の講義を踏まえて、野球部の監督、生徒全員で一人ずつ変えていくことを「行動宣言」という形で紙に書き、発表した。

DIGEST 実践！TEAM PLAY講座

UNIT 1 変化を恐れない

思春期と脳の成長

木村　みんなは今、「思春期」という大切な時期を生きています。この時期のキーワードは「成長の途中である」ということです。だから大人なるために、自分の意志とは別にいろいろな準備が脳で起きています。

　脳は場所によって順番に成長していきます。例えば、小さい子は感覚野と運動野が主に成長していきます。高校生であるみんなは、この部分と視覚野はだいぶ育ってきていますが、前頭前野、行動に抑制をかけたり、未来を予測して行動する部分の成長がまだ不完全で、アンバランスな状態です。だから、思春期って感情が不安定で、競争心や誘惑に対する抑制も利きづらいのです。自己肯定感も下がりやすい時期です。

正しいことは、かっこいいこと

木村　今回のTEAM PLAYプログラムの目的は、「思春期を安全に過ごして、部活動をより良いものにしていこう」です。成長と成功に備えるためには大切なスキルがあって、それを学ぶことで安全な場所をみんなでつくっていくことにチャレンジしていきましょう。

　そのために、変化を恐れないで、いいと思ったらすぐに取り入れることを大切にしましょう。子どもの世界って、ノリとか冗談でやりすごしたいこともあるでしょう。そして正しいことをするために今までの行動を変えることは勇気がいることだけど、とても大切でかっこいい。岩隈選手が言っていたのは、「最高のプレーが発揮できる人は、結局正しい行動ができる人」だと。

だから、良いチームをつくるには、みんなの良い行動がほんの少しでも増えればいい。それを毎日積み重ねていくことが大切なんです。それが、みんなの将来の幸せにもつながっていきます。

UNIT 2 チームワークとは何か

チームとは何かを知る

木村　チームとは何でしょう?

（生徒一人一人が紙に書き、発表）

木村　みんな正解です。違う言い方をすると、同じ目的を持った集団「同一目的集団」と言います。

（左記の三つの議題を提示。生徒が各々の考えを発表）

・「カレーはどの辛さが好きか」
・「先生は自分にとって〇〇である」
・「試合前で緊張しているとき、何をするか」

木村　今の質問、「カレー」は「感覚」、「先生は〇〇である」は「認知」、「緊張の場面」は「行動」と、すべて脳の働きに関することでした。そして、その答えはみんな違いましたね。つまり、チームとは同じ目的に向かう集団なんだけど、実は感じ方も考え方もスキルも、一人一人違うということを押さえましょう。

アンバランスパワーとシンキングエラー

木村　一人一人が違うということは、それぞれ得意・不得意があります。だから、集団の中では、必ずアンバランスパワーは起こります。さらにシンキングエラーが起こったときに、揃って悪い方向に進んでしまうと、いじめの構造につながりやすく、お互いを傷つけることにもなります。でもシンキングエラーに、みんなで気付くことができて、アンバランスパワーを助け合って解消することができたら、チームとしてプラスの方向に進んでいきます。だから、チームとして大切なことは、みんなでチームの安全を確保することです。心も身体も環境もすべてです。チームの安全が確保されれば、雰囲気も良くなり、前向きに目標に向かっていけるようになります。

UNIT 3 HEROメソッド

木村　今からエピソードを話すので、みんなに意見を出してもらいたいと思います。（具体的なエピソードと、それに対する意見を2パターン提示。生徒はどちらかの意見を選び、選んだ理由を発表する）

エピソード1
ある日いつも当たり前にできていたキャッチボールが急にできなくなってしまいました。自分では、いつものようにボールを投げているつもりが、イメージと全く違う動きになってしまうのです。周りからは、ちゃんと投げろよとキツく言われてしまいます。

意見①▼個人の技術の問題なので、チームの迷惑にならないように自分でなんとするべきだ。

意見②▼自分で解決できないことであれば、チームメイトや監督、コーチなどの指導者に頼って良い。投げるスキルを客観的に見直す取組をすることが大切である。

木村　ここで大切なことは、助けを求めることは決して恥ずかしくはないということです。進路や進学でも同じです。ヘルプを出した分だけ、社会で生きていくためのスキルは上がっていきます。

エピソード2
1、2年生のマネージャーたちが、練習中、ずっと直立したまま練習を見させられています。マネージャーの下級生は、これまでもそうしてきたようなので、チーム内では、誰も気にも止めません。炎天下のときなど、みんな立っているだけでとても辛そうです。

意見①▼その部のしきたりなので、それに従うのは当然である。上級生になるまで頑張るべきだ。

意見②▼意味もなく立たされているのは、おかしい。下級生だからといって、全てに従わなければいけないのは、間違っている。

木村　ここで大事なのは、共感（エンパ

シー）になります。相手の立場になって考えるということですが、表情や行動のように目に見える部分だけではなくて、その奥の目に見えないところに共感してあげることです。お互いに思いやることができると良い集団ができます。

エピソード3
レギュラーが、そうではない人たちに、いろいろ頼んでいた。道具の準備や、片付け、グランド整備のほかに、自分の荷物を持たせたり、お菓子や飲み物を買いに行かせたりしていた。

意見①▼レギュラーがそれ以外の人に何かを頼むのは、当然の権利だ。

意見②▼道具の片付けや準備は、チームの仕事なのでいいが、それ以外は、やめたほうがいい。

木村　大切なのは尊重（リスペクト）です。どんな人も尊重しなければいけません。相手を大切に扱うと自分も大切に扱ってもらえるし、立場の弱い人も大切に扱うことはとてもかっこいいことです。

エピソード4
練習試合で負けてしまった後、ミーティングが開かれた。話し合いには、レギュラーや上級生しか発言できていない。いつも決まったメンバーしか発言できない空気ができ上がっている。

意見①▼発言は、レギュラーや、発言力ある人がすべきだ。また、その意見を尊重すべきだ。

意見②▼チームに関わる全ての人で考えることが大事。全員で考えて、意見を出し合うべきだ。

木村　チーム全員を見たときに、ひとりぼっちになっている人がいないか、みんなが広い心を持って感じられることが大切です。

「HERO」に即した行動を

木村　まずは、「心の安全」を含めた、チームの安全以上に優先すべきことはありません。誰かの心が壊れるようなことはしてはいけません。ただ、みんなはそういう状況が起こりやすい環境にいます。チームは同じ目標を持つ集団なので、「勝つため

にはこうしなければ」という考えに固執してしまうこともあるでしょう。でもそれは本当に安全かということを考えることが必要です。「HERO」に即した行動は、良い行動を増やしてくれることにとても役に立ちます。野球部として本当に強くなる方法もここにあると思います。

UNIT 4　行動宣言

木村　今日の目標は、「行動を変える」ということでした。最後に「行動宣言」の発表をみんなでやりたいと思います。学んだらその学びを生かしていきたいですよね。その学びの中で、何を変えていこうか、「今日からチームに対してこんなふうにしていきたい」ということ、自分ができることを考えて書いてください。「HERO」の一つの視点だけでもいいです。

（以下、監督、野球部員の行動宣言）

・生徒に対し、自ら積極的に話し掛ける。
・ヘルプに応えられる人間になる。
・相手の気持ちに共感し、リスペクトの気持ちを持つ。
・困っている人がいたらすぐに助ける。
・自分が困ったり、悩んだりしたら、友達やいろいろな人に助けてもらう。
・困っている人を助けられる人になる。
・相手を自分だと思って大切に扱う。
・みんなの意見を尊重して、リスペクトして心を開く。
・自分が今、どうやったら上手くいくのかわからなくなったときに、誰でもいいから聞く。
・素直に、強がらずにごめんと言う。
・相手を尊重し、しっかり頼る。
・自分の周りに感謝し、その感謝の思いを行動や言葉で伝える。
・相手がどうしてほしいか、相手の気持ちに気付けるようになる。
・気持ちを伝えるためにNOと言う。
・誰かに何かを頼むときは、必ず相手のことを考えてから頼む。
・人に言われたことを自分の中で受け止めることと、臆せず話し掛けること。
・相手の気持ちを考えて行動する。
・自分から学び、行動する。

EPILOGUE

おわりに

私にもいじめ被害の経験があります。小学生のとき、同じクラスの女の子たちから嫌がらせを受けました。私より前にいじめられている子がいたのですが、私はもともとその子と仲が良かったので普通に話をしていたら、私がいじめの対象になりました。

教科書にこっそり落書きをされる。上履きを隠される。後ろから石を投げられる。私をいじめる理由を加害者の周りの子に聞いたら、「自分たちがいじめている子と仲良くするなんて許せない。しかも、先生たちとも普通に話すし、男の子の友達もいっぱいいて、なんかムカつくから」ということでした。

そのときは、担任の先生が加害者にしっかり気付いてくれていて、ある日、私が後ろから石を投げられたとき、「君たちがやっていることは見えているから、いい加減にしなさい」と言ってくれたことがありました。私は、「助けてくれる人はいるんだ。見てくれている大人はちゃんといるんだ」と思え、その一言に救われました。

さらに、中学生のときには同じクラスにいた国籍の違う子がいじめを受けました。

そのときの私は、突然その出来事が起こったクラスの中の一人＝傍観者でした。

1年を通し、先生主導で、学年全員でこのいじめに向き合い考えました。でも、起こってしまったいじめに対し、先生たちも正しい対処方法を知らない。私たちもどうすることが正解なのかわからない。結局、いじめられた彼女の気持ちを救ってあげることもできず、助けてあげられなかったという罪悪感や、いじめをしなかったけれど、周りで救えなかったあなたたちにも連帯責任があるという空気が、大人になってからも心から消えることはありませんでした。

去年私が「BE A HERO」プロジェクトに関わるようになり、母校の先生に卒業以来会いに行って当時の話をしました。すると実は、私たちが卒業してからも先生たちは、被害者の彼女だけではなく、加害者の生徒も、その他の生徒に対しても、もっとしてあげられる最善の方法があったのではないかと、集まって話し合いを持つことがあったそうです。

──「HELP」。これが小学生の私を救ってくれました。

この本では「助けてほしいときには必ず『助けて』と言うこと、助けを求められたら、必ず助けてあげることが大事」ということを伝えています。私が受けていた嫌がらせは、もっと辛いいじめを受けている子からすると小さなことかもしれません。それでも、当時の私は、直接先生に助けを求めることができませんでした。でも助けてもらえて本当にありがたかった。だからこそ、助けを求めることの大切さを、子どもたちにも知っておいてほしいと思うし、言い出せないHELPもあるということを、特に大人はしっかり覚え、気付いてあげてほしいと、そう願うのです。広瀬中学校で生徒の皆さんに聞いた「大人への要望」でもそういう声がありました。

そして、中学生のときの経験から、もし当時、先生も私たち生徒も「被害者と加害者以外の周りの子どもたち（傍観者）にこそ、実はいじめを解決する大きな力がある」ということを知っていたら…。きっと状況はもっともっと良いほうに変わっていたのではないかと思うのです。

この活動をしていると、自分が、そして周りでいじめの経験があったという話を多く聞きます。いろいろな人が心の奥にいろいろな悲しかったり困ったりした経験や思い出を持っています。でも、今を生きる子どもたちのその経験や思い出が、笑顔いっぱいのものになるように、また、いじめの起こらない空間がHEROメソッドでつくられ、その中で安全に毎日を過ごして幸せな大人になっていく、そんな子どもたちでいっぱいになるように…。そう願いながら、私たちはこれからも全力で頑張ります。

子どもたちの未来は大人がつくるものだから。

この本を手に取り、読んで、一緒に歩んでくれるあなたに心から感謝しています。日々活かし、使っていただけますと幸いです。

令和元年8月

「BE A HERO」プロジェクト特任研究員
（元・ニッポン放送アナウンサー）　新保 友映

「BE A HERO」プロジェクト

岩隈久志選手の賛同のもと、「一人ひとりがHEROになる」「科学でいじめのない世界をつくる」ことを目標に、いじめ撲滅のために全国で様々なイベントやセミナーを展開していくプロジェクト。草の根の活動を続け、現在では全国の小・中・高等学校でこのプログラムを実践している学校が増えている。

※各種イベント、セミナー等への問い合わせはホームページまで（http://be-a-hero-project.com/）

「BE A HERO」プロジェクトメンバー

和久田 学（公益社団法人　子どもの発達科学研究所主席研究員）
内田 康貴（株式会社 B-creative agency 代表取締役／一般社団法人 IWA JAPAN 代表理事）
木村 匡宏（IWA ACADEMY チーフディレクター／公益社団法人　子どもの発達科学研究所特任研究員）
新保 友映（一般社団法人 IWA JAPAN ／「BE A HERO」プロジェクト特任研究員／フリーアナウンサー）

研究協力　**公益社団法人　子どもの発達科学研究所**

公益社団法人　子どもの発達科学研究所は、子どもの問題を脳の機能や発達、環境との相互作用といった面から科学的に理解し、最新の研究成果を生かしたプログラムを提供する公益事業に取り組んでいる。

※本書で紹介している「いじめ問題」へのアプローチ方法は、公益社団法人　子どもの発達科学研究所の研究に基づいています。
※ホームページ：http://kodomolove.org/

「いじめ」をなくす！
――「BE A HERO」プロジェクトの挑戦

2019（令和元）年9月4日　初版第1刷発行

著　者　**一般社団法人 IWA JAPAN**
発行者　**錦織 圭之介**
発行所　**株式会社 東洋館出版社**
〒113-0021　東京都文京区本駒込5-16-7
営業部　TEL：03-3823-9206　FAX：03-3823-9208
編集部　TEL：03-3823-9207　FAX：03-3823-9209
振　替　00180-7-96823
U R L　http://www.toyokan.co.jp

イラスト　osuzudesign（田中小百合）
編集協力　株式会社あいげん社／佐藤航太
研究協力　公益社団法人　子どもの発達科学研究所（主席研究員　和久田 学）
写真提供　川崎フロンターレ／公益財団法人　日本相撲協会
撮影協力　静岡県浜松市立中郡小学校／東京都文京区立本郷台中学校
宮城県仙台市立広瀬中学校／香川県立高瀬高等学校

本文・カバーデザイン　竹内宏和・宮澤新一（藤原印刷株式会社）
印刷・製本　藤原印刷株式会社

ISBN978-4-491-03754-7　Printed in Japan